《家长阅读》丛书

“双减”以后怎么办

《家长阅读》丛书编委会

河海大學出版社
HOHAI UNIVERSITY PRESS
·南京·

图书在版编目(CIP)数据

"双减"以后怎么办 /《家长阅读》丛书编委会编
. -- 南京 ：河海大学出版社，2022.3
(《家长阅读》丛书)
ISBN 978-7-5630-7488-4

Ⅰ. ①双… Ⅱ. ①家… Ⅲ. ①家庭教育－研究－中国
Ⅳ. ①G78

中国版本图书馆 CIP 数据核字(2022)第 037572 号

书　　名　"双减"以后怎么办
　　　　　　SHUANGJIAN YIHOU ZENMEBAN
书　　号　ISBN 978-7-5630-7488-4
责任编辑　吴　淼
责任校对　王　敏
封面设计　徐娟娟
出版发行　河海大学出版社
地　　址　南京市西康路 1 号(邮编:210098)
电　　话　(025)83737852(总编室)　(025)83786652(编辑室)
　　　　　　(025)83722833(营销部)
经　　销　江苏省新华发行集团有限公司
排　　版　南京布克文化发展有限公司
印　　刷　江苏农垦机关印刷厂有限公司
开　　本　880 毫米×1230 毫米　1/32
印　　张　3
字　　数　75 千字
版　　次　2022 年 3 月第 1 版
印　　次　2022 年 3 月第 1 次印刷
定　　价　15.00 元

《家长阅读》丛书编委会

前言

Preface

家庭是社会的基本细胞，家庭承载着国家与民族的前途和希望。“天下之本在国，国之本在家”“家和万事兴，家齐国安宁”。以习近平同志为核心的党中央高度重视家庭、家教和家风建设。在2018年全国教育大会上，习近平同志对家庭教育作了“四个第一”的精辟概括。他指出，家庭是人生的第一所学校，家长是孩子的第一任老师，要给孩子讲好“人生第一课”，帮助扣好“人生第一粒扣子”。在2015年春节团拜会上，习近平同志谆谆告诫大家：不论时代发生多大变化，不论生活格局发生多大变化，我们都要重视家庭建设，注重家庭、注重家教、注重家风，紧密结合培育和弘扬社会主义核心价值观，把中华民族传统家庭美德发扬光大，促进家庭和睦，促进亲人相亲相爱，促进下一代健康成长，促进老年人老有所养，使千千万万个家庭成为国家发展、民族进步、社会和谐的重要基点。

2021年10月23日，第十三届全国人民代表大会常务委员会第三十一次会议通过了《中华人民共和国家庭教育促进法》（以下简称《家庭教育促进法》），标志着家庭教育真正地由“家事”变成“国事”。

认真学习习近平总书记对家庭教育的系列讲话精神，全面贯彻落实《家庭教育促进法》，进而实现中华民族伟大复兴的“中国梦”，是我们编纂《家长阅读》丛书的初衷。

坚持科学性、知识性、趣味性，立足高品位，弘扬正能量，博采天下家教精华，读者朋友喜闻乐见，成为“家长的益友，家教的良师”，是《家长阅读》丛书的编纂宗旨，也是《家长阅读》丛书不懈追求的目标。

家庭教育是一切教育的基础。家庭教育决定孩子的未来。走进新时代，如何做一名合格的家长，是每一位负责任、有担当的家长不能回避的问题。

为国教子，是新时代家庭教育的价值取向。坚持为家教子与为国教子的有机统一，坚持个人成长与社会进步的有机统一，万户千家共同发力，各方能量竞相叠加，才能形成民族前行的磅礴之势。

立德树人，是新时代家庭教育的核心要义。家长要善于掌握规律，科学育德，灵活育德，根据新时代儿童成长特点，培养孩子高尚的操守和优秀的品格。

以身垂范，是新时代家庭教育的基本方法。家长要秉持正确的世界观、人生观、价值观，谨言慎行，防微杜渐，言传身教，做好表率。

本套丛书的编纂工作，得到河海大学出版社的鼎力支持，国内著名家庭教育专家赵忠心、赵刚、卢勤、王大龙等老师也倾力相助，在此谨致衷心的感谢！

《家长阅读》丛书编委会

目录

Contents

第1章

家教视点

引语：2021 年 5 月 21 日，教育部《关于进一步减轻义务教育阶段学生作业负担和校外培训负担的意见》正式通过。政策落地，“双减”“一石激起千层浪”。如何理解和执行“双减”政策，为孩子们创造最佳的全面发展空间？著名家庭教育专家、东北师范大学家庭教育研究院院长、研究员、中国教育学会学术委员会委员兼家庭教育专业委员会副理事长赵刚和几位资深学者专家的意见，供您参考。

教子要有平常心　教育需要大胸怀

2021 年秋季的新学期，伴随“双减”政策的进一步实施，许多中小学生家庭陷入了“两难”境地：社会培训机构关门了，补习无门怎么办？没有了校外班，孩子课后“放羊”了没人管怎么办？减轻负担是好事，如何培养孩子的优长？问题不一而足，成了当下家庭热议、家长求解的话题。许多人问我，我的答案是，过量的作业与过度的培训把教育复杂化，物极必反，实际是让我们的教育“双减”回归常态。

人类的教育目的，其实既复杂又简单：先让一个人能活着，再引导他能活好。

人类的繁衍，实际上就是一部家庭与社会促进每个人成长的进化史，让每个人学会生产、学会生活。简言之，学会维护生命，能活着；进而优化生活，能活好。这个简单的生存方程式，似乎被很多家庭忘记。20 世纪 80 年代末，实行计划生育政策后诞生的第一代人步入小学。在家庭生育上不能作出数量选择，但“期待后代优秀”这一人类的本能欲望，迫使他们转向质量诉求。面对独子，家长为防止唯一的后代出现伤亡，对孩子成长过程中必须具备的自立、试误或试险等能力，采取阻止、包办等办法。家庭教育不被重视，使家长缺乏对优化生命的科学理解。忽略对孩子生活化教育的培养，片面地认为孩子的未来仅与其学历、文凭的高低相关，造成今天的家长重学校教育、轻家庭教育，重生产教育、轻生活教育；通过一味地向社会机构购买教育以提高孩子的学业成绩，造成今天的孩子智商高但情商低，懂生产但不会生活，会做题但不会做饭。面对职场、社会的压力时，许多孩子选择“躺平”“啃老”。仅靠获取知识拿到文凭就奢望活好、活出精彩，这无异于痴人说梦。

我给家长做讲座时提到一句话：把教育寄托给学校，孩子的人生注定失败。

日本学者大前研一说过：“家教不好，把孩子送到再好的学校也无用。”诚哉斯言！一个人来到世界上，进入现代意义的学校是7岁以后的事情。前6年影响他生活与处世能力的是与其有血缘关系的家长，这几乎决定了他一生的生命质量。德国有本教育书籍《小脑袋，大世界》，其中有两句话风靡全球：1～7岁只占人生时间的10%，却决定了人生的70%；要想过好人生的80年，就要充分重视人生的前8年。在儿童及青少年成长的过程中，家庭对人的教育功能远超学校，表现在这些方面：0～3岁早期教育、特长培养、职业素质、身心健康、做人与适应社会的能力、习惯养成、生活教育与训练、预防意外伤害。学校的主要职责是：搭建一个人基础性与完整性的知识结构、提升学历、养成集体规范意识、培养合作能力。学校老师面对的是作为群体的学生，无力顾及每个学生的优长与个性，但家长面对的是个体的孩子，可以因材施教。师生关系是短暂的，而亲子关系是永久的，好的家庭教育、有效的亲子关系胜过绝大多数购买的校外教育。

面对新的教育生态,呼唤每个家长教育子女要有平常心,教育要有大胸怀。重视家庭教育,转变教育观念和方式,那么,本文开头许多家长提出的问题便自然迎刃而解。

“双减”开启了我国家、校、社协同育人的新局面,为家庭教育拓展了新天地。在此,我向广大家长发出倡议:要做教育的明白人,做家庭教育的有效投资者。家长可以从以下九个方面入手,正视和妥善处理“双减”后孩子的教育问题,回归教育平常心。教育类似春种秋收的农业,揠苗助长的速成行为必自食恶果。减掉不该有的相互攀比造成的负担,增加的是孩子本该有的天性和乐趣。

培养孩子学好学校课程的意识和习惯,即“吃好正餐”。靠吃零食的孩子身体长不壮,靠课外补习提高成绩会有用,但作用终究有限。有人说,有的孩子参加校外辅导是“一扶就倒”,形象生动,真正优秀的孩子不是校外教育机构补习出来的。

让家庭成为真正意义上的学校。这个学校是生活化、个性化、特色化的教育机构,家长与孩子共读、共游、共练,拉近亲子关系,开阔孩子眼界,提升自身素质,促进亲子共同成长。

从知识补习转为特长培养。进入智能化时代,人类的工作从单位化走向平台化,创新性、独特性是未来一个人立足职场的首要品质,“两耳不闻窗外事,一心只读圣贤书”,学历高低决定一切的旧思维将逐渐被淘汰。这就需要家长们要有与时俱进的教育观念和教育方法。“双减”政策促使广大家庭真正重新反思教育的内涵,科学合理地使用家庭教育投资。

提升体育、艺术教育的比重。身心素质、艺术素养对一个人的生活态度、职场素质、人际关系、创新思维等品质培养的作用无限,这些方面的缺乏也是当今青少年暴露出来的一大问题。有位企业家跟我说过，他并不在意几个孩子学习成绩的高低，但他要求男孩必须有阳刚之气和一项体育长项，女孩必须精通一门音律。他的几个孩子个个优秀，令人赞佩。

注重家庭中的劳动教育。从清理以往顾及不上收拾归类的家庭物品开始，教育孩子有序、科学地布置家庭生活空间。建议家长先让孩子拿出一个处理方案，然后家人共同探讨，让孩子有主人翁的意识与成就感。小到书架上的图书归类、饰物摆放，大到居室重组等，都是智力与体力相结合的优秀教育活动。哈佛大学有项多年的追踪研究表明，一个会做家务的孩子未来找到工作的概率是不会做家务孩子的 15 倍。家务劳动对培养孩子手脑并用、责任感、生活情趣都有着不可估量的作用。

从食育着手培养孩子生活能力。民以食为天，食育对一个人的生活质量和建设未来美满的生活，具有深远的意义。防疫常态化，尽量减少外出就餐，正是教育孩子学会制作食品的好机会。家长可以增加多人合作类食品的制作，如包饺子、烹饪复杂食品等。家人同做共餐，点评孩子端上餐桌的“作品”，是一个幸福而富有意义的教育过程。

以整理家史来培养孩子的爱家品质。将祖辈与自家的老物件、老照片、家书等进行搜集、归类、整理，设计家史编写规划，有条件的家长可以做成电子文档，让孩子了解家族史、奋斗史、苦难史，是有特色的家庭教育。它对密切家族成员关系和家族文化建设，有着独特的作用。

开展家庭理财教育。家长要给孩子在家中当“掌柜”的机会，让孩子支配日常开销，做出生活规划，从而学会理财、整合家庭资源。犹太人的家庭教育多采用这种方法，他们认为一个孩子能管好一个家，将来就能管好一个公司、管理好社会。

为孩子社会交往提供空间与支持。未来是一个共享的时代，具有共情能力，学会有效的人际交往，是一个人获得幸福感与财富所必须具备的品质。家长应为孩子找到学校之外的精神家园，支持孩子参加有益的社团组织、结交良朋。孩子从人际交往中学会处世，也能找到人生价值。

（赵 刚）

“双 减”

——还孩子幸福的模样

身为教育工作者，笔者仅以教师的视角，谈谈学校教育在“双减”新规下的可喜变化。

(一) 严格控制作业总量，切实减轻学生负担

曾经很长一段时间，我们所大力倡导的“素质教育”，往往在唯分数论的社会评价体系下，变得不堪一击，且经常踯躅于“应试教育”的老路。这在无形中绑架了孩子的人生价值，让他们“心甘情愿”地为之奋斗。我们还常以“学业”为由，束缚他们除学习之外一切能力的发展。这不仅直接损害了孩子的身心健康发展，也削弱了他们未来进入社会后，应对更复杂的工作、生活压力的能力。

人生最高的目的是幸福，幸福应是教育的终极追求。过重的课业负担，让正处于生命成长最佳阶段的青少年每日常常如临大敌，怎可奢谈“幸福”二字？

自“双减”政策实行以来，各学校按要求根据学生不同的学习年段，控制作业总量，尊重学生的年龄特点，有的放矢地促进学生的身心健康发展。学校要求教师不断提高作业设计质量，鼓励布置弹性和个性化作业，杜绝重复性、惩罚性作业；教师要认真批改作业，及时做好阅题反馈、答疑辅导，严禁要求家长检查、批改作业等。学校科学合理的作业布置和批改要求，不但减轻了学生的作

业负担，也缓释了学生家长的压力。

（二）提升延时服务水平，促进学生全面发展

“双减”政策下的学校教育，应让学生自觉学习，幸福成长。它需要调动与激发孩子们的内在力量与成长资源，引领他们在人与人、人与社会、人与自然中主动探究，顺应成长的节律，获得自由而全面的发展。“双减”政策下的学校教育，应该像种子一样，植根于儿童的心灵世界，让儿童的精神生命得以萌生。笔者以为，“双减”减的是额外负担，增的是综合素质。这个政策，呼吁教育回归自然而然的样子，让孩子回到童年应有的幸福模样。正如《寂静的春天》作者蕾切尔·卡森所说：“童年就是准备土壤的阶段。”教育者，非为已往，非为现在，而专为将来。

为切实减轻学生负担，促进学生全面发展，许多学校均根据各自校情，实行了“5＋2”延时服务模式，即学校每周 5 天都要开展课后服务，每天至少开展 2 小时，让孩子们在新学期就能看到丰富的校本课程安排，欣喜地收获“双减”政策下的一份“大礼包”。在每天的延时服务中，孩子们可以在老师的组织下完成作业，进行富有个性的拓展类学习。学校开设的这些课程，极大地满足了学生的活动欲望，为学生带来了愉悦的体验，同时，也确实减轻了学生家长的经济负担。

“双减”政策下学校延时服务的提供，及时回应了社会的关切，为实现“让学生不苦、让教师不累、让家长不慌、让学校不躁、让社会不怨”的美好图景，作出了积极有效的探索和尝试。

“双减”政策之下，当前学校教育亟须进行新一轮的大胆改革和创新。笔者以为，为使“双减”政策进一步落地生根，以下两点举措仍须重视。

（一）作业重质量，辅导重实效

学校教育，要能改善学生的学习生活，培育幸福快乐的学生。教师给学生布置学科作业，充其量只是一种手段，能让学生在课后得到知识的巩固，才是最终目的。因此，作业的布置要注重质量，要努力做到少而精，让学生易于操作、乐于完成。教师应针对班级不同学生的特点，设计一些必做题和选做题，学生可以根据自己的爱好和能力选做作业。尝试让学生在周末、节假日完成诸如“每日运动”“每日阅读”等课外实践作业。

“双减”落地，对学生和家长来说，都应是一种“减负”。因此，教师一定要提高课后延时服务的质量，充分用好课后服务时间，指导学生认真完成作业，对学习有困难的学生进行补习辅导与答疑，同时为学有余力的学生拓展学习空间，绝不可再把检查、辅导学生作业的担子转交给家长。另外，如果学校条件允许，也可以组织优秀的在职教师、退休教师，开展免费在线互动、交流、答疑活动，引导学生用好免费线上优质教育资源，不再增添家长对孩子的作业辅导压力。

当然，这绝不意味着师生“躺平”，止步于此可能会造成学生“好的更好，差的更差”。我们应努力让孩子在学校完成书面作业，回到家里就可以自由阅读，体育锻炼，适当承担家务劳动，享受快乐的亲子时光。

（二）课程创新化，评价合理化

在“双减”政策下，学校应不断创新课程，切实重视起对学生的素质教育，使他们能够在德智体美劳诸方面得到全面发展，自小即具有愉快感、兴趣感、成就感、自豪感，做生命的主宰，感悟、体验和创造美好幸福生活，为未来人生奠定基础。

学生没有了过重的作业负担和校外培训负担之后，学校在课程设置和实施上(特别是课后延时服务)，应该力求走向生活、走向实践、走向综合。例如，学校可以根据自身实际情况，提供体育类如篮球、足球、围棋、乒乓球、趣味田径；艺术类如童声合唱、舞蹈、古筝、魔方、创意美术；科技类如机器人、航模等校本课程，供学生自愿选择学习。上述课程可以适当打破班级的限制，实行选课走班式学习。校本课程应根据校情进行合理设置，不应一味求全、求异。此类课程一般应由本校优秀教师承担，也可聘请退休教师、具备资质的社会专业人员或家长志愿者来执教。

在“双减”政策下，学校、家庭要回归理性，不盲从，不跟风。应以尊重孩子个性、正视孩子差异为基础，寻找他们的优点和长处，创造一个良性学习的环境，运用对孩子多方面激励的方式，树立孩子学习的自信心，培养孩子浓厚的学习兴趣。“大道泛兮，其可左右。”在当前“双减”政策下，还孩子幸福的样子，绝不是一句空洞的口号，而需切切实实的行动。只要我们追求孩子真真实实地成长，有真正关爱他们的心，这一教育目标终将成为现实！

（蒋建飞　朱雪梅）

“双减”政策下家长该做些什么

对于“双减”政策的落地，一些家长喜忧参半：喜的是孩子们在家的时间多了，亲情进一步得到巩固；孩子们不用参加各种辅导班的培训学习，节省了开支；家长不用接送孩子去辅导班学习，赢得了更多的自主时间。忧的是孩子们在家里，家长到底该做些什么？

“双减”政策是教育部门针对义务教育阶段而提出的，主要就是减轻学生的家庭作业量，尽量让他们在学校完成作业；另外，就是减少课外的辅导，尽量给孩子多一点的自由空间和时间。由此可见，“双减”政策的指导思想是促进学生的全面发展和健康成长。

那么，在“双减”政策下，家长该做些什么，才能使孩子全面发展、健康成长呢？

笔者以为，家长首先要培养孩子养成良好的生活与学习习惯。

我们知道，学习成绩好的孩子，大多具有良好的学习习惯，而良好的学习习惯又与良好的生活习惯息息相关。例如，良好的阅读习惯能够有效地促进孩子思维的发展；良好的体育运动习惯能够有效地促进孩子注意力和专注力的提高；良好的劳动习惯则能够帮助孩子树立正确的“三观”，培养孩子的责任感，提升孩子独立生活的能力，等等。

因此，在家庭里，家长要有意识地培养孩子养成良好的生活习惯，并最终使其养成良好的学习习惯。从孩子做家务事开始，孩子的事情让孩子自己去处理，家长要有意识地将孩子推到“前台”，引导孩子独立面对生活，面对学习。

家长可以帮助孩子制订一系列的计划，如作息时间、阅读计划、作业计划、家务劳动计划等，并且当好“监督人”，使孩子按计划做事，从而使其养成习惯。

其次，家长要注重孩子内驱力的培养。

内驱力，简单地说就是在个人需要的基础上产生的内部唤醒或自我紧张状态的内部力量。它的基本特征是有意识、有目标、有计划、有思考地从事某项活动。孩子能否具有内驱力，对孩子未来的发展意义重大。

培养孩子养成较强的内驱力，使其具有良好的自控力、专注力和情绪管理能力，家长要注意培养孩子的目标意识。孩子成为什么样的人，在某一个时间段达到什么样的目标，家长责无旁贷。家长可以把大目标分解成若干个小目标，一步一步地去引导。在培养过程中，家长可以运用“辅助手段”。可以运用激励机制，通过表扬、奖励等方法，肯定孩子的进步，让孩子体会到成功的喜悦。当然，也可以采取适当的惩戒，使其“长记性”，从而强制入轨。

有一句话说得好，鸡蛋从外面打破是食物，从里面打破是成长，是生命。孩子有没有较强的内驱力，对孩子的全面发展、健康

成长影响深远。

最后，家长要注意提升陪伴孩子的质量。

陪伴，并不仅仅是物理意义上的距离缩短，更是心灵上的情感相通、相融。通过日常生活中的陪伴，孩子能够独自面对、处理生活或学习上的一系列问题。特别是家长的言传身教，对孩子影响巨大。

陪孩子读书、学习，陪孩子劳动、锻炼，陪孩子远足、交往……孩子在父母的陪伴中，开拓视野，养成习惯，学到知识，形成能力，为健康成长奠定良好的基础。我们要知道，家庭是孩子成长的主阵地，家庭教育则是孩子成长中最重要的教育。

真正优秀的父母，不在于为孩子报了多少班，而在于是否真正参与了孩子的成长。减负减不掉孩子的成长，因为成长是父母与孩子共同完成的一场修行。

当然，在“双减”背景下，家长更应和学校、老师多进行沟通交流，及时了解孩子在学校学习、生活、交友等方面的情况，掌握第一手资料，让孩子始终不离自己的视线，对孩子的长远发展负责。

“双减”政策是国之大计，家之大业。让我们一起做一个有担当的家长，在和学校、老师的共同努力下，让孩子们成就更美好的明大。

（纪效成）

吃透“双减”精神 致力全面发展

“双减”政策出台一段时间了，让我们感觉变化最大的是，校外培训机构似乎一夜之间换了门庭。这让不少家长感到很困惑，校外机构没了，孩子的学习怎么办？双休日又怎么办？

家长同志们，少安毋躁。你只需看看“双减”意见，那颗悬着的心自然也就放下了。

教育的本意是培养德、智、体、美、劳全面发展的合格人才，着眼学生身心健康成长，保障学生休息权利。请问，有多少家长关注孩子的全面发展？又有多少家长确实保障了孩子的休息权利了呢？

为了不输在起跑线上，众多家长拿孩子的健康来赌拼。结果如何呢？很多孩子输在了终点线前。一开始跑在最后的人，不一定永远跑在最后。很多成功人士也并不是一开始就多么优秀，而是经过后天的努力才成功的。

家长不是担心孩子的学业问题吗？政策要求学校充分利用资源优势，制订切实可行的课后服务实施方案，充分用好课后服务时间，指导学生认真完成作业，对学习有困难的学生进行补习辅导与答疑，为学有余力的学生拓展学习空间，并组织丰富多彩的科普、文体、艺术、劳动、阅读兴趣小组及社团活动。

学校的课后服务有了保障，家长在“双减”政策下应该怎样做呢？

第一，家长应该吃透“双减”的精神。“双减”的指导思想和工作原则明确提出：“强化学校教育主阵地作用，深化校外培训机构治理，坚决防止侵害群众利益行为，构建教育良好生态，有效缓解家长焦虑情绪，促进学生全面发展、健康成长。”“坚持学生为本、回应关切，遵循教育规律，着眼学生身心健康成长，保障学生休息权利，整体提升学校教育教学质量，积极回应社会关切与期盼，减轻家长负担。”

“双减”政策既保障学生们的正常锻炼、休息、娱乐时间，也保护了他们在成长过程中的身心健康，对于培养学生良好的学习习惯，保障充足的课余时间有着重要的意义，对孩子的未来有长远的好处。作为家长，应该理解并支持这一举措，让孩子们有更多时间享受自然，锻炼身体，提升自身修养，塑造健全的人格。

第二，家长应该改变观念，不断学习。“双减”政策落地后，拼的不仅是家长的学历、财力，更是家庭教育的理念、素养、水平和维护亲子关系的能力。为此，家长要不断加强自身学习，了解孩子成长规律，提升家庭教育的素养与能力。不能仅仅看孩子的文化成绩，要站得更高，看得更远，你培养的不仅仅是你自己的孩子，更是在为国培养人才。因此，家长们必须承担起家庭教育的重任，一方面，注重子女的人格健康；另一方面，还要教育子女成为遵纪守法、廉洁为公的好公民。

第三，家长应该培养孩子的兴趣爱好。一个人的综合能力只靠上课、上培训班、“刷题”是不太可能培养出来的，必须要培养孩子的兴趣爱好，而兴趣爱好需要家长更高质量的陪伴。这就要求我们家长应减少一些社交活动，多抽出时间来陪伴孩子，跟孩子一起游戏、一起运动、一起阅读和交流，应鼓励孩子拥有艺术、体育类的兴趣爱好。家长还要关注孩子的心理健康，确保孩子的睡眠时间。

第四，家长应该帮助孩子养成好的习惯。著名教育家乌申斯基说过：“如果你养成好的习惯，一辈子都享不尽它给你带来的利息；如果你养成了坏的习惯，一辈子都在偿还无尽的债务。”好习惯的养成离不开外力的推动，最终会达到从被动到主动、从他律到自律的转变。良好的阅读习惯能有效促进思维的发展；良好的运动习惯能有效促进注意力和专注力的提高；良好的劳动习惯能帮助孩子确立正确的三观，培养责任感，提升独立能力；参与家庭生活的习惯有助于培养孩子的公民意识以及对家庭的责任感。

第五，家长还应该带孩子亲近大自然。卢梭说过：“儿童在成人以前就应该像儿童的样子。”他主张教育应该回归自然，在自然中教育的孩子，会拥有健全的人格，而拥有健全人格的孩子，未来的发展一定会非常出色。世界这么大，为什么整天把孩子圈在自己身边呢？把双休和假期还给孩子，还教育一片蓝天，还孩子美好的童年。让公园充满着孩子们的欢声笑语，让广场洋溢着孩子们的青春朝气。

（杨培银）

微语录

服务生

一天深夜，一位老人来到一家旅店。前台服务生将他带到一个简陋的房间，略有歉意地说道：“旅店没有其他房间了。”老人看着整洁干净的屋子，愉快地住了下来。第二天，老人离店结账，服务生却说：“不用了，祝您旅途愉快！”原来，旅店客满，服务生不忍心让老人在深夜满大街去找旅店住，便让他住了自己的房间。多年后的一天，服务生接到一封信。按信中所示，他来到纽约一座金碧辉煌的大楼。原来，那个深夜服务生所接待的老人是亿万富翁。富翁买下一座大酒店，并深信服务生能把酒店经营好。

第2章

家教论坛

身教才最有说服力

“言传身教”是生活中运用较为广泛的一个成语。其实,从教育的角度来看,“身教”的教育功能是强大无比的,它远远超过了“言传”的作用。

暑假中,我到苏南表弟家做客。晚上,侄儿(表弟的儿子,刚读小学一年级)要玩“平板”,表弟不允许,并且告诉他说,现在你是学生了,要以学习为重。侄儿一脸的不悦,嘴巴嘟哝着,轻声地吐出了一句话:“你不是每晚都玩手机吗?”表弟一脸的难堪。

我笑了,“看来,你这个榜样做得不对啊。”

表弟也笑了,对侄儿说:“我玩手机是在工作,在和客户谈事情。你呢? 就知道顶嘴。”表弟看了看我,说:“今天算了,就玩一个小时。去拿‘平板’吧。”

侄儿飞快地离开了,高兴得唱起了小曲儿。

“唉,现在的孩子真难教育。”表弟又看了看我,一脸的无奈。

我也望着表弟,告诉他,教育孩子仅有“言传”是不够的,比这更为重要的还有“身教”。身教,才是教育孩子的最佳艺术。

我望着表弟,讲述着我所知道的关于“身教”的故事。

生活中,我们给孩子讲安全知识,可是,家长骑车带着孩子过红绿灯时,根本不在乎灯的颜色,这“安全的教育”有效果吗? 和孩子讲家庭的温馨、和睦时,自己却因为鸡毛蒜皮的小事和爱人喋喋不休,甚至还“活动手脚”,这“温馨、和睦的教育”有效果吗? 和孩子讲礼貌待人时,自己却对他人“污言秽语”或是“中伤诽谤”,这“礼貌的教育”有效果吗? 和孩子讲正直、诚信时,自己却常搞“旁门左道”或是不守信用，这“正直、诚信的教育”有效果吗……

家长是孩子的第一任老师，家长的言行无不对孩子有着潜移默化的影响。人们常说，孩子的身上有着家长的影子，这话是正确的。我们要给孩子树立良好的榜样，光有口头上的“表达”是远远不够的，关键还要有行动上的“示范”，这就是“身教胜于言传”。

有一年秋天，我到北京旅游，正好遇见一个从日本来的小学生团队。日本的小学生们对故宫气势恢宏的建筑赞不绝口，对中国大加赞美。他们的老师注意到了这一情况，立即将这群小学生组织起来，来到天安门广场，让他们数一数来往穿梭的小汽车中，有多少是日本知名品牌的。不到几分钟，日本的小学生们纷纷报出了自己的数目，他们的老师立马对他们进行教育，说：“日本的机械制造，日本的工业是世界一流的……”

我告诉表弟，这件事对我触动很大，今天把它讲出来，只有一个目的，那就是“身教”的教育功能是无比巨大的，它是许许多多的“言传”所不能比的。你要想孩子用功学习，那么自己就要做出个样子，而不能说出“我玩手机是工作”这样冠冕堂皇的话来！

表弟听了我的话后，表示从明天开始，他自己一定要做好孩子的榜样，要用“身教”来教育、引导孩子健康、快乐地成长。

唐代文学家陆贽说：“动人以言者，其感不深；动人以行者，其应必速。”是的，“身教”重于“言传”，“身教”才是最有说服力的。我们应该从身边的小事开始做起，教育引导孩子坚持不懈地走下去、做下去。这样，孩子必将拥有一个美好的明天。

（肖　成）

家教的关键词:好习惯

父母对孩子成长的影响是深远的,对孩子习惯的形成也起着重要作用。

父母的一言一行都在悄悄地影响着孩子,或好的,或坏的,只是父母有时候无意间会犯一些“无心之过”,但往往毫无觉察。

家长和老师是孩子最亲近的人,没有哪一位家长和老师不关爱自己的孩子和学生。但他们无意中的一句话,往往会伤害自己的孩子和学生。因为他们是孩子最亲近的人,他们的话,孩子会深信不疑。有些家长和老师,他们缘于对童心的尊重,面对童心,他们显得那样谨慎,那样小心地呵护,显示出了高超的教育艺术。作为家长,其实我们的一言一行都会对孩子的成长产生影响,或正面的,或负面的,我们当谨言慎行,切不可因“无心之举”“无心之言”而打击了孩子,伤害了孩子,在不知不觉中挫伤了孩子的积极性与创造力。你把孩子说成什么,也许孩子将来就成了什么。生活中,我们应该尊重孩子,多给孩子鼓励,少一些心灵的伤害。

教育是否成功,在于有没有好的习惯。著名教育家叶圣陶先生说过:“什么是教育?简单一句话,就是要培养良好的习惯!”中国青少年研究中心的孙云晓老师也说过:“习惯决定一个人的命运!”也有人说:“孩子在小学阶段就要打好好习惯的基础。”由此可见,培养良好习惯是多么重要!

我们大家可以从生活习惯、学习习惯、文明行为习惯三个方面去考虑如何培养孩子的良好习惯。平时要从认真写好每一个字,认真说好每一句话开始,抓实孩子的习惯培养,使孩子从小养成做什么事都认真对待的习惯。

要让孩子学会倾听。有时候，听比说更重要。目前，老师教授的知识大多以讲授的形式告诉学生，所以，孩子在课堂上要专注听讲，不做小动作，不东张西望，要边听边思，举一反三，这样，才能把知识学到手。这也是我们平时所说“学习关键在课堂”的道理。

要养成认真书写的习惯。字是一个人的门面，写好字一生受益，所以，每个孩子都要练好字、写好字，把字从写清楚、写工整，到写规范、写美观，行款整齐。写字虽然不是考试内容，但直接影响考试的成绩。

要养成做事有条理的习惯。书包、书桌、房间要收拾得井井有条，外在的整齐，往往反映出头脑思维的条理清晰。同时，还要养成做完作业再玩的习惯，做完作业检查的习惯，学会与他人讨论、向他人请教的习惯，等等。

我们不仅要重视孩子的学习习惯、生活习惯，更要关注孩子的品德和心理健康，重视孩子的文明礼仪习惯、安全习惯。在社会上，要遵守基本的交通规则和社会公德，在学校、在家里要学会关心他人，尊敬长辈，能为同学和班集体做一些力所能及的事情，要学会与他人沟通、交流与相处，性格活泼、开朗，心理阳光，积极向上，做一个对他人、对社会有用的人。

我们平时所说的“习惯决定未来”“三岁看大”，也就是这个道理。

（房元品）

家长再忙，也不可冷落了孩子

最近，我看到电视上一则公益广告，画面中有一名小女孩喊：爸爸，陪陪我吧！看后令人心酸。如今好多家长说，现在的社会竞争这么激烈，一方面要忙于工作，一方面要忙于应酬，哪有时间带孩子？根据多年从教经验，来谈谈我们的看法。

陪伴是最好的家教。相关调查结果显示：30%的家长回家以后做的最多的事，就是看电视和玩手机。对于他们来说，在家看电视、上网、玩手机等，有助于释放压力，调节情绪。此外，还有15%的家长会把工作带回家完成。不难看出，家长并不是完全没有时间陪孩子，就看是不是真想抽空陪孩子。

林则徐说过："子孙若如我，留钱做什么？贤而多财，则损其志；子孙不如我，留钱做什么？愚而多财，益增其过。"如果真的想让孩子有出息，就干脆不要给孩子攒钱，如果家长在孩子18岁之前有能力给他攒够100万的话，不妨把这100万从现在开始投到孩子身上，等到他18岁时留给他一个零。他自己有本事在社会上生存，自己学会了挣钱，将来才会有更大的前景。不是吗？陪孩子是一种不能以任何借口推卸的义不容辞的责任，再忙都要陪。

陪伴会给予孩子幸福感。心理学家温尼科特在谈及个体发展时提道："孩子生命的头几年里的情感发展，构成了人类个体心理健康的基础。"

很多案例表明：大部分问题孩子，小时候都常常表现出压抑性乖巧。而到了青春期，他们往往容易发展为逆反、叛逆等性格。

孩子的内心就好比一座花园，小时候没有埋下爱的种子，没有给他阳光雨露般的爱，没有呵护，那么就会杂草丛生。很多家长等孩子大了才发现问题，但一切都来不及了。有些毛病一旦养成，要花费很多精力来纠正，有的甚至根本无法纠正。所以，不管挣了多少钱，事业发展有多顺利，如果孩子的教育不得当，将来都会后悔莫及。

用心陪伴孩子，成就无悔未来。曾经看过这样一段话：20 年后，您把现在的房子给孩子，他们会回答您："太旧了！"20 年后，您把现在的小汽车给孩子，他们会告诉您："别逗了！"然而，如果您能在孩子成长中，给他们一个良好而科学的家庭教育，20 年后孩子会说："爸妈，你们太明智了，辛苦你们了，衷心地感谢你们！"

沧海桑田，时光回转，物质和金钱是会发生变化的，但人品的传承、家庭文化的传承、知识的积累、品德素质和家庭教育的影响力是可以世世代代延续下去的。因此，家长给孩子最重要、最好的礼物，应该是高质量的陪伴和良好的家庭教育。

（翁玉春　左宪法）

微语录

爱情

爱是一种感觉，当这种感觉不复存在时，也会不离不弃。所以，爱其实是最初许下的诺言，不离不弃是对当初诺言的履行。

学习成绩好差关键在内因

现在不少家长都想让孩子挤进名校读书，导致名校的学生爆满，一个班级六七十人，老师管理压力大，批改学生作业多，常常顾此失彼。而普通学校往往因生源不足而导致恶性循环。这是一种不正常现象。

有些家长总认为将孩子送到名校，孩子成绩一定会好，将来能考上好的学校。这种认识不全面。孩子成绩的好差主要取决于孩子的内因。内因包括两方面，一是天生素质，聪明，领会能力强，课本上的知识老师一讲就懂，还能举一反三，触类旁通。二有想学想钻的动力，课堂上能自觉集中注意力听老师讲课，课后能自觉抓紧时间看书写作业，不让一分一秒浪费掉，遇到难题从不放弃，在自己钻研的基础上仍不懂，就去问同学、问老师，不将问题搞懂不罢休。读书目的明确，不是奉父母之命读书，而是“我要读书”。有这种内因的学生就是在一般学校读书，成绩也肯定是好的。

老师的教育教学水平及学校的教学设备对学生的学习成绩好差有一定影响，但这只是外因。外因只有通过内因才能起作用，只有好的外因而没有好的内因，学习成绩是不会好的。所以，我建议，择校的家长看看你的孩子有没有想学的表现，然后问问孩子愿不愿意到名校读书，看孩子的回答，看他有没有决心再做决定。这两步做不好，恐怕花钱也是白花。

老师在教学中要想方设法调动学生想学的内因。如何调动学生想学、肯学的内因呢？我觉得需从谈理想着手。有理想的人才会有动力，才会为实现理想而奋斗。只想不做是空想，只做不想，是无目标地做。只有在想中做、做中想，又想又做，又做又想，才能不断前进，最终实现理想。学习是个艰苦的脑力劳动，有一分耕耘才有一分收获，知识不会自动跑到你的大脑里。

某家两个孩子，长子学习刻苦认真，考上了大学，老二对学习极不认真，玩心很重，父母督促他看书写作业，甚至陪他学习，效果都不大。父母将亲朋请来家吃饭，做老二的思想工作：你大哥考上大学了，你不好好读书，没有文化在社会上做什么？此话对老二触动很大。他将棉袄脱下，用毛笔在棉袄里子上写下“我也要上大学”，之后他成绩一直上升，成为班级的前一二名，最后终于考上了大学。

（郑志明）

微语录

母亲

被救援人员发现时，她已经死了，是被垮塌的墙壁砸死的。死亡的姿势十分诡异：双膝跪着，上身前倾，双手撑着身体。救援人员把手伸进她身体下面的空隙，高声喊道：“有个孩子，还活着。”经过一番努力，救援人员还清理出一部手机，发现手机屏幕上是一条没有发出的短信：“亲爱的宝贝，如果你能活着，一定要记住我爱你！”手机在救援人员手上传递着，无人不心碎泪落。

第 3 章

爱我中华

巾帼英雄传奇——杨纯

1942 年春，中共中央华中局书记刘少奇从苏北回延安后曾称赞说："整个新四军中，杨纯是第一个最好的女干部。"杨纯，原名万国瑞，1917 年 3 月出生于四川省峨眉县，1936 年考入武汉大学化学系，是武汉秘密学联的负责人之一，1937 年 5 月加入中国共产党，在北平参加青年学生抗日救亡运动。抗日战争全面爆发后，她从北平到山东，从事党的秘密工作和八路军的宣传工作，后按照党的安排，又从山东到皖东北、淮海、盐阜及浙西地区，用青春和热血、赤诚和勇敢，与敌人进行秘密的或公开的斗争，谱写了壮丽的巾帼传奇篇章。

赴皖东北

1939 年初，皖东北地区所有县城和重要城镇大部分为日寇和维持会占据，国民党部队及地方土匪武装盘踞广大农村，斗争环境极为险恶。当年 2 月，中共山东淄博特委书记杨纯和妇女部长江彤(女)肩负着中共山东分局的重要使命，南下泗县(今泗洪县境内)开展党的活动。南下时，上级派一个排的队伍护送她们过陇海铁路。这是 20 岁刚出头的杨纯第一次穿越敌占区。一天，杨纯等人吃了午饭，正在村外休息，忽然，一排子弹打了过来，原来是汉奸引来了敌伪。杨纯等人迅速向附近的一个小山撤退。在撤退过程中，一名姓吴的同志用身体掩护杨纯而壮烈牺牲。经历了这次流血的遭遇，杨纯自责不已。为避免目标过大，杨纯第二次只身先走，女扮男装，剃了光头，用锅灰抹脸，穿上老棉袄，专门买了一担烟叶,俨然成了一个矮小、瘦弱、历经风霜的烟农。她就这样从铁佛寺出发,经睢宁、双沟、大庄,辗转几百里,一路上闯过了多处敌伪的据点、岗哨,安全到达了皖东北。中共皖东北特支书记江上青鉴于本地抗战形势发展很快,请求上级派干部到皖东北来工作。在国民党严重白色恐怖的笼罩下,杨纯肩负党的重任,来到了泗县管镇(今盱眙县境内),在《皖东北日报》社安顿下来后,便通过先期到达的上海党组织派来的朱伯庸到魏营(今泗洪县境内)去找江上青联系。随后,根据中共山东分局的指示,组成中共皖东北特委,杨纯任书记,江上青、江彤任委员,统一领导该地区党的工作。为便于工作,杨纯化名陈光薇,利用皖六专署保安司令部政治部民运科长的公开身份,积极组织抗日团体,开办训练班,积极发展新党员,建立县、区党组织,为创立皖东北抗日根据地打下了良好的基础。

下淮海区

淮海区是皖东北地区与苏北盐阜区的接合部,是我党向南发展创建华中抗日根据地的战略通道。1939 年春,日寇把魔爪伸向这个地区,加之这里是国民党顽固派长期培育的反共模范区,斗争形势十分残酷和复杂。

1939 年初夏,杨纯受中共苏皖区党委的委派,从皖东北秘密来到沭(阳)宿(迁)海(州)地区。1940 年 5 月,苏皖边区党委在半城(今泗洪县境内)召开会议。时任苏皖二、三地委书记的杨纯和宣传部部长江彤,由当地小伙子纪乐天当向导,乔装成一家姑嫂三口,从淮阴马头过了运河,经顺河集,乘船渡过洪泽湖到了半城,一路还算顺利。可是,会后返程就远没有来的时候平安。杨纯等乘船到高良涧时,被地方警察拦下来。由于杨纯机智勇敢地应对,警察很快让他们上船了。杨纯等人松了一口气,正准备继续前行时,突然船上来了一个身穿长袍、油头滑脑的人，说也去顺河集。杨纯立即警觉起来，觉得来人有点蹊跷。开船后，来人主动与杨纯搭话，说好像在哪里见过她。杨纯心里更是感觉来者不善，与其躲避不如正面应对，她说自己在半城教书，反问来人是不是半城人。那人含含糊糊地说自己沿着洪泽湖跑生意，可能在半城见过，又追问杨纯口音。杨纯说自己是四川人，在武汉上大学时认识了纪乐天哥哥，就随他到这边来了。杨纯一路上不断地跟来人闲谈，真真假假，敷衍应付。天色渐晚，船到了顺河集。杨纯等人上岸后立刻拉上东西赶往淮阴早期中共党员谢冰岩的父亲谢老先生的货栈处。谢老先生是可靠的接应人，杨纯立即把情况跟他说了一下，估计敌人很快就会来搜查。谢老先生临危不乱，亲自将他们带到地窖躲藏。果然，半小时后，敌人来搜查一无所获，悻悻地离开了。杨纯等人成功地摆脱了敌人，安全地回到了地委机关。

入淮阴城

1940 年 10 月，杨纯奉命调任中共盐阜地委书记。次年 5 月，中共苏皖区党委撤销，成立中共淮海区党委，杨纯离开盐阜又重返淮海区，任区党委组织部长、民运部长，其丈夫张彦任区党委宣传部部长。

1942 年冬，日伪军集中 8 000 余人分 9 路合击淮海区党政军领导机关所在地沭阳县小胡庄、张圩，妄图一举摧毁淮海根据地。淮海区党政军机关及时跳出了敌人的合击圈，随军转移。此时的杨纯已经身怀六甲，由于骑马颠簸，1943 年初出现了严重的流产迹象，情况十分危急，需要送到淮阴城仁慈医院急救。而淮阴城是日伪军驻扎在淮海区的中心城镇，不仅有重兵把守，而且看守盘查十分严密，汉奸密探多，没有良民证无法通行。根据这个情况，组织上决定由当地一个香料商人护送杨纯。这人名叫韩蓝田，是淮阴朱集人，为人灵活，眼宽门路广，跟国民党县长也有交情，但暗地里倾向革命，是我党争取团结靠得住的人。那天，韩蓝田接受任务后，简单地收拾了一下东西，就找人用担架抬着杨纯上路了。下午到了城北的王营大桥，那里有个日伪军据点，恰好韩蓝田与日伪军据点头目相识，费了一些口舌，又塞了一些钱，这一关终于过了。趁着夜色，杨纯悄悄地被抬到仁慈医院，韩蓝田径直敲开了外科主任的门，向他说明情况后，医生得知杨纯没有良民证，怕招引"杀身之祸"而拒绝诊治。韩蓝田再三央求无果，干脆就跟医生交了底，说明了杨纯的身份："人家杨纯一个四川小姐，家里有产有业，还念过大学，要不是为了抗日，跑到我们这里来干什么？你我都是中国人……"这时外科主任的爱人从房里走出来，冲着丈夫说："还愣着干什么？快把她抬到我们房里去！"这一住就是 7 天。7 天后，韩蓝田又偷偷地将杨纯抬了回去。杨纯的胎儿保住了，几个月后生下了一个健康的男孩。

中华人民共和国成立后，杨纯先后任周恩来总理办公室秘书、中国医学科学院党委书记、中国红十字总会副会长、卫生部副部长等职，2005 年 1 月 19 日在北京逝世。

（柳宏为）

微语录

道德

孔子将要出门，天下起了雨，但没有雨伞可用。门人说：子夏有伞，向他借一下吧。孔子说：我不是不知道子夏有伞，不跟他借是因为他很吝啬，如果他不借的话，便暴露了他的缺点，他会招致别人的指责。因此，不能跟子夏借伞。

第 4 章

学法崇德

请对孩子进行爱心教育

前不久读过一篇《平分生命》的文章，讲的是一个男孩父母早逝，他与自己的妹妹相依为命。妹妹是他唯一的亲人，小男孩爱妹妹胜过爱自己。不幸的是妹妹染上重病，需要输血。医院为他妹妹免去了手术费，但男孩没有钱支付昂贵的血液费。男孩的血型和妹妹完全相符，当医生问男孩是否勇敢不怕疼痛为妹妹输血时，男孩答应了。抽血完毕，男孩颤抖着问道："医生，我还能活多久？"医生感动地对男孩说："放心吧，你不会死的，输血不会丢掉生命。"男孩问医生他还能活多少年。医生告诉他："你能活到 100 岁，小伙子，你很健康！"男孩听了医生的话，昂起头对医生说："那就把我的血抽一半给妹妹吧，我们两个每人都能再活 50 年！"

这个年仅 10 岁的孩子，是充满爱心的孩子。他愿意和妹妹平分生命，用自己的一生来照顾妹妹一世。

可是，现在我们很多家长，对自己孩子的爱心教育远远不够，致使孩子自私自利，目无他人，没有同情心，不能孝亲敬长，不懂何为爱心，不为他人付出，甚至无爱国观念。这一现象警示人们，对孩子进行爱心教育非常必要。

首先，对孩子进行爱国教育。国家强盛，人民才能安康，家庭才能幸福。我们要教育孩子，从小热爱祖国，祖国是我们共同的母亲。

其次，对孩子进行爱家人教育。爱父母、爱爷爷奶奶、爱兄弟姐妹。家庭是亲情的港湾。要让孩子从小去体会，去感恩，教育孩子从小懂得爱家人，从小树立家庭责任感。父母要以身作则，榜样示范，用自己的言行来感化孩子，教育孩子，给孩子做示范，营造爱的家庭教育氛围，感染孩子的心灵。

最后，对孩子进行爱他人教育，特别是尊敬师长、爱护同学的教育。现在一些孩子，不懂得友善相处，校园欺凌事件时有发生，如果每个学生都有爱同学之心，就会减少很多校园矛盾。家长要教育孩子，当同学的学习或家庭生活有困难时，要伸出援助之手、爱心之手，帮助他们一把，让孩子从小明白关爱他人就是关爱自己。

“只要人人都献出一点爱，世界将会变成美好的人间……”家长朋友，人人都需要爱，爱让世界变得更美好。我们家长，要教育孩子从小心中有爱。充满爱心的孩子，一定会健康成长。

（周祝君）

微语录

亲情

女儿患绝症住进医院，母亲每天在医院细心地照料。女儿的神智越来越不清楚，但仍然坚持写日记，记录每天的心情和身体的状况。一天，女儿问妈妈：“会放弃吗？”妈妈泪流满面，对女儿说：“不会放弃，傻孩子，什么都别想，会好的。”女儿离去后，母亲翻开她的日记，发现她最后写的一段话：“其实，我已知道放不放弃已毫无意义，之所以问妈妈，只是想听她说‘不放弃’，想让她再爱我一次。”看到这里，妈妈号啕大哭，感觉自己失去的并不是一个女儿，而是全世界！

勤俭的美德要从小养成

勤俭是我国传统美德的一个重要方面，它包括“勤”和“俭”两个方面。所谓“勤”，就是勤劳，是不怕辛苦、努力劳动的意思；所谓“俭”就是俭朴，是俭省朴素、爱惜财物的意思。这两者是一个统一的整体，只有既勤又俭，才能构成一个完整的美德。要培养幼儿勤俭的美德，必须从以下两个方面做起：

（一）要让幼儿树立劳动光荣的思想。俄罗斯教育家乌申斯基曾经说过：“劳动是人类存在的基础和手段，是一个人在体格、智慧和道德上臻于完善的源泉。”一个人只有对社会尽了劳动的义务，才能获得自身的社会价值，受到人们的尊重、敬仰和爱戴。劳动光荣，懒惰可耻，是全社会一致公认的价值观。因此，家长应教育幼儿从小就热爱劳动、热爱劳动人民，并逐步教孩子学会劳动，养成认真参加劳动的习惯，乐于承担一定的劳动义务。

首先，要对幼儿进行热爱劳动的教育。可以通过讲故事、念儿歌、猜谜语，让幼儿了解一些劳动工具、劳动项目、劳动果实；介绍一些劳动模范辛勤劳动获得成果和荣誉的事迹；引导幼儿观看电视、录像，特别是动画片中一些生动有趣的有关生产劳动的故事；为其讲解画报或图片中有关生产建设的巨大成就；在给幼儿购买衣服、玩具、食品时，要指出这都是工人和农民的劳动成果，没有他们的劳动你就享受不到这些成果。还可以利用节假日，带幼儿到附近的工厂或农村参观，让他们亲眼看看工人、农民是如何辛勤劳动的。

其次，要让幼儿参加一些力所能及的劳动。先培养幼儿的基本生活自理能力，使其能自己吃饭喝水，穿脱衣服、鞋袜，自己收拾、整理和保管玩具、文具，自己整理床铺和房间，逐步做到自己的事自己做，不需要麻烦大人。在这个基础上，再进一步引导其参加一些力所能及的家务劳动，如帮助妈妈洗碗、择菜、拖地、倒垃圾等。

（二）要让幼儿养成俭朴的良好习惯。勤劳俭朴是中华民族优良传统。继承和发扬优良传统，对于孩子们来说，不仅对他们的健康成长有利，而且对其未来的事业都具有重要的意义。但是，改革开放以来，由于城乡人民的收入普遍有了提高，生活水平得到了改善，勤劳俭朴的优良传统似乎被人们遗忘了，在一部分人中奢侈浪费之风盛行，给广大青少年带来了严重影响。特别是一些独生子女家庭，把孩子当作"小皇帝""小公主"一样服侍，穿衣讲名牌，玩具要高档，嘴里不是巧克力，就是汉堡，吃饭时，对饭菜挑三拣四，偏食、独食，吃不完就随手扔掉。这种现象非常普遍，也非常危险。作为家长一定要引起高度重视。对此，我们家长要做的是：

一是要对幼儿进行勤劳俭朴的优良传统教育。可以请一些老人给他们讲讲当地的历史，或者请家族中的老人给他们讲家史。让他们了解一下过去的艰苦生活。特别要给他们讲一些老一辈无产阶级革命家艰苦奋斗的故事，让他们在生动的事实面前受到震撼。还可以给幼儿讲一些传统历史故事，教他们读一些有关勤俭节约的古诗和格言。如"锄禾日当午，汗滴禾下土。谁知盘中餐，粒粒皆辛苦""一粥一饭，当思来之不易；半丝半缕，恒念物力维艰"等，教育他们珍惜劳动成果，不要糟蹋浪费。总之，教育方法很多，只要家长切实端正认识，注意从点滴生活细节抓起，注意在培养上做有心人，一定会取得良好的成效。

二是要使幼儿养成俭省朴素的良好习惯。家长首先要为孩子做出榜样。在家庭的日常生活安排中，从饮食起居、衣着打扮、环境布置到社会交往，都能从家庭经济状况的实际出发，精打细算，量入为出，不讲排场，不求阔气，不和人家攀比。个人生活既不追求高消费，也不沾染不良嗜好，日常开支处处节省，始终保持艰苦朴素的优良作风。除创造良好的

家庭环境给幼儿以潜移默化的影响外，应着重培养孩子俭省朴素的良好习惯。要从生活小事抓起，如吃饭不挑食、偏食，碗里不留饭粒，不抛撒米粒、饼屑，不吃零食、不乱花钱，爱惜衣物、书籍、玩具，不任意浪费纸张，以及随手关灯、关水龙头，节约用水、用电等。这些如能长期坚持下去，真正养成习惯，不仅有利于幼儿勤俭美德的形成，而且对其一生都会产生重大影响。

三是要让幼儿经受艰苦生活的磨炼。“自古英雄多磨难，从来纨绔少伟男”“若要小儿安，常带三分饥和寒”。这是我国历史上流传下来的人生经验总结。大量的事实证明，取得杰出成就的人，无不经过艰苦生活的磨炼，因为温室里培养出来的花草经不住风霜的考验，只有经过艰苦生活的磨炼，才能使人锻炼出坚强的意志。当代，在许多国家，吃苦受累已经成为孩子的必修课，尤其在发达国家的家庭里，家长普遍重视从小培养孩子的自理能力和吃苦精神。因为发达的市场经济要求每个社会成员必须具备这种精神。日本的幼儿教育有一条不成文的规定：每逢冬天，幼儿都要赤身裸体地在风雪之中滚爬跌打一定的时间。天寒地冻，孩子冻得嘴唇发紫，浑身发抖，父母仍然硬着心肠，决不提前抱起自己的孩子。他们明白，只有这样才能锻炼孩子的意志，使孩子身心健康地成长。而在我们国家许多家长目前还很难做到这一点，因为他们对孩子都是呵护有余，宠爱有加，生怕孩子吃一点点苦，经受一点点

磨难。其实，这样不是爱孩子，而是害孩子，只能使孩子娇生惯养，意志薄弱，加大他们未来事业成功的难度。爱子之心，人之常情。但我们要明白怎样爱得有意义、有价值。人生不可能一帆风顺，只有给孩子适当的磨炼，教导孩子正确对待失败、挫折，从失败和挫折中总结经验，培养良好心态和百折不挠的坚强意志，才能使孩子终身受益。现在我们所说的艰苦生活磨炼，并不是要使幼儿去过老一辈曾经的那种艰苦生活，也不是要他们吃不饱、穿不暖，而是说不要去追求时尚、前卫，热衷于名牌、高档，要讲究实际，而不要贪图虚荣。一句话，要有以勤俭为荣、浪费为耻的良好心态。当然，有条件时带幼儿回农村老家，或到尚未富裕地区的亲友家，体验一下生活，让幼儿增加一点感性知识也未尝不是一种好的教育方法。必要时，像日本那样，给幼儿创设一个艰苦的环境，让他们去锻炼一下，经受一次考验，对幼儿的健康成长也是大有好处的。

（贾　铭）

第 5 章

家教案例

信任，是孩子前行的动力

儿子上三年级后，学习的要求逐渐高了。为了让儿子进一步提高学习成绩，妻子买了一些复习资料，让他在完成老师布置的作业后，再来进行强化训练。占用了儿子的业余时间，儿子显然有点不高兴，常常不情不愿地做着，但在妻子的严格督促下，他也无可奈何，只能选择服从。

一天，我从单位加班回家，发现母子俩起了冲突。原来答案卷找不到了，妻子没办法帮他批改校对了。妻子就怀疑儿子将答案卷藏起来了，于是狠狠地批评儿子，要他拿出来，但是儿子矢口否认。妻子气急败坏，让他罚站。儿子眼泪汪汪，但就是不承认，也不妥协。母子俩就这样耗上了。我看时间很晚了，就让儿子赶快收拾好去睡觉。妻子气哼哼地和我说："平时他就不怎么乐意做，答案卷肯定是他藏起来了。"我说："你看见他藏的？""没看见，但是试卷到哪儿去了？""不能凭空怀疑，要相信孩子，说不定是你忘记放哪儿了呢？""不会的，那你把试卷找出来。"妻子一边喋喋不休一边擦洗着油烟机。我灵机一动说："我们这个油烟机该有 9 年了吧？"妻子看了我一眼说："是啊。""今年的油网寄过来了吗？""寄过来了，是我打电话过去的。""打电话？""买这个品牌油烟机一般送 8 年油网。8 年后如果机器没坏，还要继续用的话，打电话过去就又免费寄过来了。""只买过一台油烟机的陌生人就可以信任吗？那个公司不怕受骗？""哪有那么多骗子？""这个公司可以相信一个陌生的客户，你就不能相信你生养了那么多年的儿子？"妻子知道中计了，白了我一眼说："有时候他也撒谎的，比如考试考砸了。""还不是你要求太高，他考好了你就喜笑颜开，他考砸了你就严厉指责，根源还是在于你的不信任，你不相信他已经尽力了，你不相信他下次通过努力成绩会有提高的。”妻子不作声了。我说：“这个公司通过‘永久免费送油网’的增值服务，与用户保持良好的沟通，从而带来了一批又一批忠实的新老用户。正是它对客户的信任，才使得公司不断做大。而教育孩子也是如此的，信任才是孩子不断前行的力量，总是以怀疑的目光看待他，反而会让孩子产生逆反心理，最终会害了孩子的……”妻子沉默不语。果不其然，过了两天，妻子在晒被子的时候，意外发现答案卷压在被子底下。她这才想起来，上周六因为单位临时有事，急匆匆去加班，就把答案卷放在那儿，后来却又忘记了。妻子感到很懊悔，知道自己冤枉了孩子，她主动和儿子道了歉。从那次以后，她也不再一味地指责孩子了，和孩子平等交流则成了家中的常态，孩子也很争气，成绩稳步上升了。

其实，每一个孩子都会有绽放光彩的机会，只是时间不同、方式各异而已。每一个家长，都应该对自己的孩子充满信心。信任孩子，他就会以行动来证明自己的价值和尊严。如果一味地怀疑、指责，则会使孩子变得消沉、自卑，乃至失去前进的动力。信任是促进孩子认识自我、开拓进取的力量，更是引人向善、积极进取的台阶。教育学中的“罗森塔尔效应”，早就说明了信任在孩子成长过程中的重要性。请相信自己的孩子吧，给他提供一个展示自己的舞台，那他一定会让你惊喜连连的！

（徐　新）

给女儿治"懒病"

女儿从小体质偏弱,都上小学了,才 20 公斤。我和她妈心疼她,基本没让她做过家务,生怕她累着。有时外出游玩,连水杯都是我帮她拿。久而久之,女儿养成了懒惰的坏习惯,"横草不拿,竖草不拈",甚至连写作业都有点敷衍了事,从来不肯认真对待。意识到女儿的懒惰已经严重影响到她的成长,我和妻子决心好好治治她的"懒病"。

那天放学,我刚把女儿从学校接出来,就赶紧告诉她:"闺女,爸爸在单位搬东西时,不小心把腰扭了。今天是硬挺着来接你的。"听我这么说,女儿并没有关切地问问我,只是"嗯"了一声,随后便开始跟我说起学校当天发生的趣事,仿佛我的腰扭了跟她没什么关系。车停在楼下,女儿下车就要上楼,我朝女儿努努嘴:"闺女,爸爸腰疼,这书包今天你得自己背上楼了。"女儿明显有些不情愿,但看到我一脸痛苦的表情,也只得自己背起书包。

进了家,要是以往,我都要给她倒水,拿吃的,伺候个全套。可我不是腰"扭"了嘛,进家我就赶紧躺在床上,对女儿呼来唤去:"闺女,给爸倒杯水,爸爸渴坏了""闺女,给爸把客厅那本书拿过来,爸爸要看""闺女,一会你妈回来,你负责开门"……一开始,女儿还算听话,我说什么,她就做什么。可要求稍微多点,女儿就有些不耐烦了:"爸爸,我还得写作业呢,您先忍一会不行吗?"

我一听女儿要写作业,趁机说:"闺女,最近爸爸得安心养腰,就不能陪你核对作业了。你自己把作业写好点,否则,到学校老师说你,我也无能为力了。"

女儿答应着去屋里写作业了。我呢，翻了个身，换了个姿势继续躺着。晚饭时，老婆让女儿拿碗筷，我又喊女儿扶我起来，吃完了饭，又让女儿给我递水果，帮着拿洗脚盆……一晚上下来，女儿比以往忙碌了许多。临睡觉时，我听到她跟妈妈说："妈妈，我今天好累呀！"老婆也适时发话："闺女，其实以前每天爸爸妈妈都是这样的，你觉得累，爸爸妈妈也不轻松。"

女儿睡着了，我才偷偷起来去看看她的作业。没想到，我不陪她写作业，她的作业质量比以往反倒要高些，虽然还是有敷衍的痕迹，但明显比之前好许多。

专家说，21 天养成一个良好习惯。从那以后，我每天都安排女儿干一些力所能及的活，女儿从最初的不情愿，到后来的习以为常，经历了一个从被动适应到主动接受的过程。在这个过程中，女儿的作业质量也较以往有了明显提升，老师也说女儿在学校里，比以前更积极主动了。看到女儿可喜的进步，我忽然觉得自己这些天来的努力是值得的。

现如今，女儿每天放学回家都是自己独立完成作业，作业写完了还能主动做一些力所能及的家务活，人也比过去自信多了。经历了这件事，我总算明白了：在孩子成长的路上，家长适时放手的重要性。很庆幸，我及时用自己的"懒惰"治好了女儿的"懒病"，也让女儿成了一个主动积极、乐观向上的好学生。

（安千夜）

将“磨蹭”扼杀在摇篮里

小侄儿聪明可爱，还在牙牙学语时，便认识了好多字，听着他用稚嫩的嗓音背诵“鹅鹅鹅，曲项向天歌”时，我心里别提多舒畅了。

出于“望子成龙”的心理，小侄儿刚上一年级，弟弟便把他寄养在我家，希望我这位当教师的姑姑能好好地辅导他。而我呢？也对此信心满满。为了打造出第二个“比尔·盖茨”，一开学，我便制订了严格的学习计划，并让他在计划上签名，保证自己按计划完成任务。也许是上学的新鲜劲还没过，小侄儿很快完成了作业，不仅速度快，而且书写工整。我想，太阳还老高，时间也不能虚度了，于是便布置了《课时精练》《大试卷》等作业，每天做一到三张。刚开始小侄儿还不折不扣地完成，后来便不情不愿了。于是我便打着老师的旗号“强迫”他完成。随着他认的字越来越多，每当我故技重施时，他总要翻看老师的信息，依据信息上的要求逐步去做。以前一回家，饭不吃也要完成作业，可是现在呢？我要连催几次，他才慢吞吞地去做，写作业时一会儿要喝水，一会儿去厕所，一会儿又说肚子饿了……见此情景，我便敲了敲桌子，他才懒洋洋地瞟了眼手表，一看快到点了，才匆匆拿起笔，效果可想而知。

有一次，我布置了一篇写话练习，我先将写话要求及注意事项一一讲给他听，讲完后，我让他坐在书房里独自写，自己便洗衣服去了。可是当我把衣服洗完，却发现他正咬着笔头发呆，本子上只有几行字。我火冒三丈，大声责备他做事像蜗牛爬，凳子上像长了锥子，正当我唾沫横飞地数落他时，他的倔强脾气也上来了，竟然把笔一扔，气冲冲地出门去了……

后来，任课教师打电话给我，说刚开始小侄儿表现还不错，各项任务都能按时完成，可是到后来，即使老师早就将作业布置下去，别人都忙着写作业，可他却不停地磨蹭，不是削铅笔，就是玩玩具，非要等到放学回家再做，而且书写也极不工整。听了任课教师的话，我不由回忆起小侄儿刚来到我家时的点点滴滴，之所以出现这样的结果，全怪我操之过急呀！

这就好像跑步一样，本来他已经到了终点，可是我还给他无限地延长路程，让他一颗本已兴奋的心一下子跌入谷底。此时，他就会想，跑了任务更重，还不如原地不动呢。久而久之，拖拉的习惯便养成了。而这种“拖拉”还会延伸到生活习惯等方面。这样对孩子的身心发展是极为不利的。

找到了问题的症结，我决定改变教育策略，与小侄儿约定，以后再也不搞什么“题海战术”，并当着他的面将所有的课外作业全部销毁。但有一点，作业必须在规定的时间内完成，如果保时保质，他可以看他喜欢的漫画书，但必须讲出书的内容。听了我的话，他笑得合不拢嘴。

自此以后，小侄儿的学习又重新回到了正轨，低年级作业本来就少，再加上我给出的“优惠政策”，学习积极性被彻底调动起来，不仅字写得又快又好，而且还利用剩余时间看了大量的漫画书和拼音读本。阅读量的提升也开阔了眼界，使他成了班里无所不知的“小博士”。

如今的侄儿不仅彻底改掉了拖拉的毛病，而且养成了善于支配时间的好习惯。幸好我发现问题，并及时解决。“磨蹭”一旦“树大根深”，就很难改变，所以治愈的最好时间是在低年级，只要方法科学，就可以把“磨蹭”扼杀在摇篮里。

（徐秀华）

第 6 章

学前教育

培养孩子的动手能力

手是否灵活，在一定程度上反映了婴幼儿的智能发展水平。日本有一位医学博士对手和脑的关系做了多年研究后指出："如果想培养出智力发达、头脑聪明的孩子，那就必须让孩子锻炼手指的活动能力。"

孩子从出生后 3 个月起，一种不经意的手的抚摸动作就开始出现了。他无意识地抚摸着襁褓或被褥，抚摸着亲人或玩具，也抚摸着自己的小手。到 5 个月左右，孩子出现了随意的抓握动作，当他看见亲人或玩具的时候，不但会发出快乐的声音，而且会伸出手来抓摸触碰。

7 个月时，孩子能掌握以下两种手的技能：第一，孩子逐步学会了拇指与其余四指对立的抓握动作（这是人类操作物体的典型方式），并能根据操作对象的特点去捏拿它；第二，孩子在抓握过程中，逐步形成眼和手即视觉和动作联合的协调运动。

7 个月后，孩子手的动作又有了进一步的发展，出现了双手协调动作。这时他不仅能进行简单的抓握，还能摆弄抓到的物体；他能同时玩耍两个玩具，并学会用不同的方法来玩耍不同的玩具。例如，把小盒子放在大盒子里，用小棍子敲击铃铛，把一只手里的玩具传递到另一只手，等等。通过这样的练习，孩子进一步认识了事物之间的各种关系，学会了手眼协调、双手配合的技能。这就发展了孩子对隐藏在物体背后的复杂属性和关系进行综合分析的能力，从而发展了孩子的知觉和动作思维的能力。

培养孩子的动手能力

日常生活中,有许多机会可使孩子的手指得到锻炼。例如:在哺乳时,你可以伸出一个手指让孩子抓抓放放;当孩子大一些时,可以给他玩一些摇铃类玩具;7~8个月时,可以教他抱着奶瓶自己吃奶,给他饼干或馒头片,让他自己拿着吃;1周岁以后的孩子,可以教他用勺子吃饭;再大些后,利用睡觉、起床或洗澡的时间,训练孩子自己脱穿衣服、扣上或解开扣子;对5~6岁的孩子,可教他学叠被子、整理床单、收拾玩具和书籍、洗小手帕、开饭时帮助摆筷子等。总之,让孩子做点力所能及的事情,不但能训练孩子手指的运动及感觉能力的发展,更重要的是可以帮助他养成自我服务的良好习惯,促进其独立性的形成。

我们应有意识地采用一些科学实用的教育方法,培养孩子的手指活动能力。例如手指游戏,是一种配合手指动作的儿童朗诵游戏,妈妈一边念儿歌,一边教孩子用手指表演。这类儿歌短小易记、朗朗上口、动作性强,孩子会很感兴趣。手指画也是一种训练孩子手指活动能力的好办法,孩子用手指蘸上颜料在纸上作画,既能使孩子的手指得到锻炼,又能发挥孩子的想象力和创造力。其他如折纸、捏泥、玩积木、串珠子、拨小算盘或玩手指影子等游戏,都是能有效强化幼儿手指能力的活动。随着孩子年龄的增长,还可以让孩子学习乐器、制作科技模型等,以进一步发展孩子的手指灵活性。

但是,不少年轻父母对孩子一味溺爱,样样包办代替,什么都不让孩子动手,唯恐出事,唯恐委屈了孩子。殊不知孩子年幼时手指不活动或减少活动,会使其运动功能发育迟缓,从而影响孩子智能的发展。

培养孩子的自我服务能力

在幼儿园里，同样年龄的小朋友，有的会自己穿衣服、系鞋带、铺床叠被，有的则什么都不会。这就是孩子的自我服务能力的差别。培养孩子的自我服务能力和良好的生活习惯，不仅能方便孩子的生活，促进其运动技能的发展，而且对孩子心理的健康发育也很重要。

培养孩子自我服务能力可以提高孩子的手脑协调能力。吃饭穿衣动作慢的孩子，游戏和运动时动作也不协调，反应也较迟钝。相反，自我服务能力较好的孩子，动作和反应能力一般也较好。

培养孩子的自我服务能力能促进孩子智能的发展。对孩子来说，动手能力差还会影响智力的发展。有的孩子本身并不迟钝，但是被大人溺爱、凡事包办，变得笨手笨脚，什么事也不会做，遇事往往不如其他小朋友机灵敏捷。

对孩子照顾过多，会养成孩子懒惰和依赖性强的不良习惯，家长自己受累不说，更重要的是不利于孩子的健康发展。培养孩子的自我服务能力应该从小开始。

1. 让孩子做一些力所能及的事情和感兴趣的事。有时，父母不妨让孩子选择他感兴趣的事情来做，从这些事情开始，来培养孩子的自我服务能力。

2. 对孩子在2～3岁时出现的“什么事情都要自己做”的要求，家长应该积极鼓励，注意引导，尽量满足孩子的合理要求，如他要自己吃饭就给他小勺子和碗；他要自己喝水，就把小杯子给他，哪怕他打碎餐具，弄脏衣服。但你可以给他一些帮助，教给他拿勺子的正确方法，告诉他吃饭时要用手扶住碗等，使孩子尽快学会这些本领。父母不要怕麻烦，不要认为让孩子干还不如自己干省事而使孩子失去锻炼的机会。孩子通过自己做事情能锻炼意志，提升动作技能，增强独立活动的信心。家长如果能抓住这个时期，顺应孩子“我自己来”的要求，则可以较顺利地培养孩子的自我服务能力。

3. 家长对培养孩子的自我服务能力应当有个科学的、客观的计划，先教什么，后教什么，要根据孩子所处时期的发展特点来制订这个计划，教会孩子熟练掌握一种技能后，再教新的技能，不要贪多，更不要违背孩子的成长规律盲目超前。孩子的注意力和对一件事的兴趣所能持续的时间都是很短的，只有 10 分钟左右。在这段时间内，一般只能集中精力学一样东西。教得多了，孩子会产生厌烦情绪，不爱学了，效果反而不好。

（魏　明）

微语录

邻里

一女子刚搬进新家。晚上忽然停电，还好，女子早已准备好备用蜡烛。没过一会儿，有人前来敲门，原来是隔壁家的小孩。

小孩问：“阿姨，您家有蜡烛吗？”

女子心想：他们家难道连蜡烛都没有？不能给他，不能惯着，不然以后什么东西都来要！

于是女子摇摇头，说：“没有！”

女子正要关门时，小孩说：“我妈妈说您刚搬来，可能没有备用蜡烛，让我送两根给您！”

说完，小孩拿出两根蜡烛给女子。

女子顿生无地自容之感，立马蹲下，把小孩紧紧抱在怀里。

第 7 章

家庭生活

学会做孩子喜欢的爸妈

电视剧《小欢喜》里，陶虹饰演的妈妈宋倩原本是金牌老师，为了全心全意伺候孩子高考，不惜辞掉自己的工作，把所有的心思和精力都放在孩子身上，为了便于随时“监视”孩子的学习情况，甚至把女儿房间的一面墙打造成玻璃隔断。她最喜欢对女儿讲的两句话就是：“我这么做都是为了你好啊！”“你是我的一切。”

这种密不透风的控制，终于把女儿英子逼成了抑郁症，差点跳河。英子哭着说：“我最不喜欢妈妈。”这让妈妈特别伤心。

如果我们遇到这种情况该怎么办，是不是也很伤心？其实，爸爸妈妈没必要因为孩子说过不喜欢自己的话而伤心，应该反思自己，发现自己的不足，及时想出更好的办法改变自己，做孩子喜欢的爸爸妈妈。怎样让孩子喜欢自己呢？建议从以下几方面入手。

一、要坚定“生命第一”的信念

在这个世界上最宝贵的是生命，好的爸爸妈妈应该尊重和关爱孩子的生命，牢固树立“生命第一，健康第一”的理念，在和孩子的沟通中，让孩子清晰地把握底线：不求成才，只求成人。身心健康第一位，保护视力很重要；学习上尽力而为，把能学好的学好；家务必须分担，为人要有礼貌。我的两个孩子是我自己带大的，对他们的智商、情商、能力水平，我很了解。学习上我不苛求，把能学好的学好。我虽是一个老师，但我没有虚荣心，没有非要孩子考第

一、第二，没有因为孩子成绩中等而万分焦虑。

二、变命令式的教育为民主式的商量

在与孩子的相处中，遇到问题，爸爸妈妈可以处在和孩子平等的朋友地位上，一起讨论，孩子也会在商量的气氛中感觉自己正在长大，觉得自己有了自主能力，觉得自己的认识能力正在提高，也一定会更喜欢民主型的父母。

三、寻找孩子喜欢的话题

那些已经唠叨了上千次的话题，尽可能避开。非说不可的话，也尽可能换个说法，如“我们当年……”“妈妈小时候……”完全可以改成“李嘉诚当年……”“华盛顿小时候……”这样说，孩子喜欢听，会觉得是在激励他，暗示他会成为大有作为的人。孩子还会为家长知识面宽而感到自豪。忆苦思甜也不是不可以，适当地忆苦会使孩子更珍爱今天的生活，更加努力。但绝不能把忆苦思甜变成逼着孩子吃饭的工具，而是要把忆苦思甜变成激励孩子创造更美好生活的动力。

四、帮助孩子战胜曲折

在孩子遇到挫折或考试失利时，要帮助他找到战胜困难的办法，定出提高成绩的措施，这是孩子最需要的。可以帮助孩子找到目前自己存在的长处和优点、学科优势，或学科中的单元优势。这样孩子会树立起信心，会觉得爸爸妈妈理解自己，会觉得爸爸妈妈给予的精神上的支持比生活上的关心更可贵。决不能在孩子失利时，再施加一顿埋怨、指责、训斥。火上浇油，只能让孩子更加心焦。

五、勇于向孩子认错

人都有急躁、激动、愤怒、情绪不稳定的时候。孩子确实犯了较大的错误，家长在气头上，控制不住自己，骂了孩子，甚至打了孩子，事情过去之后，自己往往也很后悔。这时最好的办法就是向孩子承认自己的错误。这样孩子会更加依赖家长，孩子也会学习家长这种勇于承认错误的品质，成为勇于承认错误、勇于改正错误的人。家长还可以和孩子商量今后预防打骂事件重演的办法。这样做，使家长、孩子双方都变得更聪明、更理智。

六、摈弃多余的爱

和孩子一起商量，哪些爱是他不愿意接受的，比如决定衣饰的颜色样式、盛饭、添汤等，如果时间允许，可以让孩子自己做，在做的过程中孩子自然能提高能力，承担一些责任，这能使孩子变得坚强，更能体验到爸爸妈妈的辛苦，会在更深层次喜欢家长。

做智慧的爸爸妈妈，化解和孩子之间的隔膜，一定能改掉那些孩子不喜欢，对自己也有害处的言行。相信孩子一定会说："我最喜欢爸爸妈妈！"

父母的一言一行、一举一动都会投射在孩子身上，进而对孩子的人生产生影响。要把孩子教育成什么样的人,家长就要成为那个样子的人。

亲爱的爸爸妈妈们,请抬起头来,看看日月吧,天地之间,有树有花有草,有艳丽有素淡。让我们不断地学习和成长,为了好孩子,努力做一个好爸爸、好妈妈。

日月之爱,默默陪伴,静静等待。

正因如此,寸草心也报三春晖。

(伍元杰)

我们家的周末大扫除

我们家是城市里典型的三口之家，我和爱人的父母都居住在乡下，一年到头进城也不过三五次，且来了都是小住，至多十天半月就回去了。在城里，我们大人上班，孩子上学。上班、上学时间，一家人各自忙碌，家里没人，直到晚上下班、放学才能聚齐。

孩子上一天学，回来还有作业要做，我们也要准备晚饭，中饭都是在单位、学校吃。怕吃大锅饭营养不够，所以，回家后一家三口聚齐的这顿晚饭也没法简单，同时还要考虑第二天一家人的早饭，饭后再洗洗涮涮。上班忙，回家忙，全家人都跟陀螺似的转个不停，每天都是疲于奔命。在满足工作生活基本需要后，整个人已经精疲力竭，不想再多动一下，一切家务都到周末进行。

周末大扫除，我们一家三口都有分工，我负责高空，爱人负责地面，孩子负责整理自己的房间和收拾垃圾。孩子的家务活是我们特意安排的。整理房间，自己的地盘自己作主，收拾干净，锻炼独立生活能力。收拾垃圾，参与到家庭公共事务中来，作为一名家庭成员，要为共建整洁卫生的家庭环境出力，培养集体意识。同时，在收拾垃圾时，我们指导孩子进行分类，将可回收的垃圾单独打包，每月一次送往废品收购站。这方面的所得，作为孩子的劳动奖励，由孩子自己支配，可以购买漫画图书等课外书籍。

有回报就有动力。孩子在整理时，积极性高，工作细致，一片纸板都舍不得扔，水果、快递和牛奶包装箱都整齐地堆放，甚至还能将花纸盒和本色纸盒分开打包，因为废品收购站的老爷爷告诉他，本色纸板回收价格更高，分开回收收益能多出一倍，书籍和报刊回收也是如此。时间一长，对这里面的行情，孩子摸得比我们还透彻，将废物利用价值最大化发挥到了极致。孩子的妈妈有点担心，孩子追求金钱，会不会走偏。我在与家庭成员交流时特别提到了这一点，追求收益最大化，没有错，但要诚信，不能掺假，要让每一件物品创造最大的价值，这也是一种节约。本色纸板价格最高，回收利用价值也最大，报纸回收利用价值比各类广告纸回收利用价值高，当然收购价也高，让出售者多收益，就是促进我们进行垃圾分类，减少浪费。减少了浪费，就是节约，建设节约型社会，就要从建设节约型家庭做起。

通过收拾家庭垃圾这项工作，培养了孩子参与集体活动、融入集体的协作观念，还有自力更生能力和节约意识。通过劳动改善了家庭生活环境，让家庭环境变得更加卫生、整洁。劳动获得了舒适感和美感，也让孩子获得了成就感，培养了劳动的习惯和兴趣。

劳动结束后，我们还会组织家庭成员间互查，看看各自的分工范围有无做得不到位的，提出整改意见。每周一次的家庭环境大扫除整治出新，让我们一家心情舒畅地投入新一周的工作、学习和生活中。

（仲启新）

第 8 章

心理健康

拖延，也是一种心理病症

在学校，每个班级总有几个这样的孩子：别人做作业时，他不是找橡皮，就是削铅笔；写了几个字，就出神发呆，东张西望；一张纸，写了又擦，擦了再写，磨磨蹭蹭。别人放学了，他的作业还没有完成。

也常常听到家长这样抱怨孩子：回到家，说要先玩会儿再写作业；玩过了，又说吃了饭再写作业；吃了饭，又说看会儿电视再写作业，七拖八拖，到晚上八九点才开始写作业。

以上种种，其实都源自一个病症：拖延症。

拖延，是一种心理病症，这在心理学界已是不争的共识。

拖延症产生的原因有多种，心理学专家列出拖延症产生的心理因素：追求完美、对未知的恐惧、承诺“稍后”再做的习惯、只专注于简单的任务、经历动力缺失、不知道从何开始、经常分心、没有足够的时间。

而据笔者的观察，孩子拖延的原因，主要集中在以下几个方面。缺乏自信：对自己的能力缺乏信心，总是担心做不好而宁愿拖延不做。挫折导致拖延：因为孩子曾经在学习中或者课堂上受过挫折，他害怕再出现这种状况，就通过拖延来使这种挫败感延迟出现。敌意和抵触的表现：家长过于专制，或者孩子不喜欢这个老师或这门学科，但又无法逃避，于是以拖延来表示自己的抗拒。完美主义作祟：完美主义者非常在意别人的看法，因而常常将成功的定义限制在一个不切实际的标准上，为了达到这个标准，常常对无关紧要的事情都要追求完美，势必也会造成拖延。

拖延症危害极大，尤其是孩子的拖延，不仅影响学习，甚至会影响他一生。总是拖延因而总是不能达到预期目标，从而对自己产生否定和贬低，有可能会使自己的自信心不断缺失，严重情况下会导致焦虑症、抑郁症的产生。

也总有家长询问老师，怎么才能治好孩子的拖延症。笔者根据多年的观察和实践，在此给家长几点提醒。

别做太严厉的父母。很多父母对孩子要求严格，这也不准那也不行，孩子做任何事没有达到要求就一顿数落，更有甚者会体罚孩子。孩子在这种严厉的氛围下，很容易养成逃避、拖延的性格，用拖延来延迟训斥的到来。所以，给孩子一定的尊重和宽容，可以帮助孩子克服拖延的毛病。

分解任务，限时完成。很多时候，孩子拖延是他觉得任务太重，对目标产生恐惧感，对完成任务没有信心。这时候我们可以帮孩子把作业这个整体任务分解成一个一个的小任务，并且限时完成。完成一个小目标给他一个适当的奖励以鼓励信心。单个的任务完成难度较小，孩子有了自信，也就减少拖延了。

排除干扰，集中注意力。有拖延症的孩子易受外界干扰。孩子做作业时，父母也应该关掉电视，杜绝零食，不看手机，不在旁边聊天说笑，给孩子一个纯净安静的环境，便于他集中注意力，也可以帮助孩子渐渐改掉拖延的毛病。

提高抗压、抗挫能力。教育孩子做好面对压力和挫折的心理准备。面对压力，告诉孩子拖延和懒惰并不能帮助你解决问题；面对挫折，告诉孩子，这是你完成任务必须经历的过程。困难只不过是一个需要你去解决的问题，它不是你个人价值或能力的反映。这样，当孩子的意志力坚强了，拖延的行为就会越来越少。

（宿　淮）

第 9 章

家教文萃

教子"唠叨"非良方

父母为了孩子好,对孩子总是"千叮咛万嘱咐"。我们总会听到为人父母者情真意切的唠叨,对孩子不断地叮嘱,不断地提醒,不断地督促。这种把嘴巴紧紧"叮"在孩子身上的情况,在家庭生活中很普遍。父母以为唠叨得越多,尽到的责任越大,产生的效果越好。但是很多时候,孩子却觉得父母太"唠叨"。父母感到很累,孩子并不领情,唠叨不仅不见效果,还常常促使孩子产生逆反心理,做出一些逆反之事,令父母苦恼不堪。

父母望子成龙、望女成凤很正常,无可厚非。但教育子女是要讲求方法的,"唠叨"多半是指责孩子的缺点和毛病,孩子心生厌恶,很少能听进去,甚至你不准他干的事情他偏要干,你要他干的事情他又不愿意干,父母与孩子之间产生了矛盾,越唠叨矛盾越深,"苦口婆心"就成了"精神噪声",时间一长很难沟通。我曾听到有位孩子说,我妈一开口我就知道她要说些什么。还有位孩子说,我妈唠叨时,我就当作没听见。因为孩子一旦受到批评,总需要一段时间才能恢复心理平静,受到重复批评时,他心里会嘀咕:怎么老这样对我?孩子挨批评的心情就无法复归平静,反抗心理就高亢起来。时间久了,人就会慢慢适应,达到"充耳不闻"的境界,父母即使真有"金玉良言",也很难穿透孩子的耳壁入其脑入其心发挥应有的作用了。

家庭教育是一门科学,无休止的唠叨只会增添孩子的反感和逆反心理,做父母的要设身处地为孩子想想,与孩子心平气和地交流,指出孩子存在的问题和不足,这样孩子容易接受一些,效果也会好一些。

(鲁庸兴)

看见真实的孩子

又是一天夕阳西下时，小学门口每个班级的家长等候区已有很多家长在等待接孩子了。这时我看到了我家宝贝背着小书包正随着班级队伍走向我。也许是出于母亲的敏感，我觉得今天孩子情绪有些低落，不禁在心中暗暗琢磨，这是怎么了？和同学闹别扭了，被老师批评了，还是没考好？我按下心中的疑惑，和平常一样先笑着向她招招手，然后走上去抱抱她并牵起她的手向老师告别。

在回家的路上，我像往常一样说："宝宝，现在天还早，我们先去公园玩一会儿吧。"孩子却没有像往常一样高兴地回答我"好呀"，而是轻轻地说："妈妈今天我们不要去玩了。"我装作不经意地问："为什么呀?"孩子回答说："妈妈，我今天测验没考好，很多人都考了 90 多，我只考了 80 多。"我轻轻摸了摸她的头说："哦，我当什么事让你不开心呢，原来是没考好呀。一次没考好没什么大不了的。我们先去玩一会儿，等回家后，妈妈和你一起分析分析这次没考好的原因，然后加强错题的练习，下次注意不要再犯同样的错误就好了。"听我这么一说，孩子果然高兴起来，说："妈妈你不生气吗？我还以为你会生我的气呢，我好担心，好难过。"我摇摇头对她说："你只要认真学习，偶尔考不好，妈妈是不会怪你的。学习是一件可以增加知识，让你懂得更多，让你生活更愉快的事，不应该成为负担。一旦你觉得学习是个痛苦的事，那说明你的学习方法有了问题，我们应该一起把原因找出来，对症下药。我想只要态度认真，没有什么解决不了的问题。"果然经过我的一番开导，孩子高兴起来，不再垂头丧气了。

我不是虎妈，没有孩子必须考第一的想法。有时我在想，我这样不严苛地督促孩子，会不会让她落后呢？可后来的事实证明，我没有做错。在那之后又有几次孩子考得不理想，孩子再也没有紧张焦虑，而是和我一起认真总结错误的原因，会一遍一遍认真地订正错题，最终在期末考试的时候考了 100 分，全班一共两个 100 分，她是其中一个，如愿拿到了“三好学生”奖状。

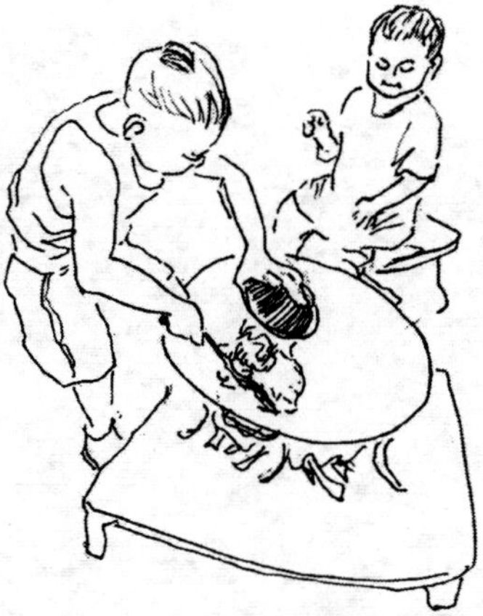

所有的父母都是教育孩子道路上的学生，都是在不断学习摸索中前进。若父母对孩子心怀敬畏，只是给予关注陪伴而不打扰，孩子自然会成为大众眼中的奇迹。

（张　琰）

微语录

人品

我跟老公坐火车回老家。上车后，发现有位女士坐在我们的一个位子上。老公让我坐在另一个位子上，他自己站着。我看了看这位女士，发现她右脚有一点不方便，明白了老公让座的原因。下车后，老公见我有些许怨言，便对我说：“人家不方便一辈子，而我们只不方便两三小时而已。”

第 10 章

灯下夜话

为人父母，是一场修行

儿子今年上四年级，每天放学都是我负责接。昨天接儿子的时候，远远看他走来，没有像往常那样，和同学有说有笑，而是鼓着嘴，丧着个脸。知子莫若母，应该是在学校发生了什么不愉快的事。接过他书包的时候，我随意问了一句："今天好像不太高兴嘛？"

儿子半天没回话，却反过来问我："妈妈，如果我的语文和数学考一样分数，说明什么？"看着儿子急切寻求答案的小眼神，我没有立即回答，想了想说："那得分情况，如果一样是高分，说明最近的学习是有效的，值得高兴；要是都没达到自己理想的分数，那就要好好反思一下了，想想问题出在哪儿。"儿子又一次选择沉默。我俩就这样骑着小电动车，沉默地穿过车水马龙的大街小巷。

其实，那一刻，我真的很想让他快点告诉我考了多少分。但现在的我，也总是时刻提醒自己，育儿这件事，真是急不得。这既是孩子的成长过程，也是父母的一场修行。以前的我也急过，发现非常影响亲子关系，父母一旦因为学习与子女关系紧张，也就成不了孩子最信赖的人，当你再想要对他的人生观产生影响的时候，你会发现，幼小的他已经对你紧闭心扉了。我们不能忘了初衷，是想要一个快乐、幸福的孩子，而不是要一个冤家。他愿意立刻告诉我，自然是令我欣喜的，我也会乐于做一个聆听者，听他自己说说失分的原因，以及下一次他的目标；即使暂时不想说，我也愿意等待，我想，他也有他自己的顾虑，因为他是一个独立的个体，也需要尊重。

其实并没有等多久，他就憋不住了，回家就拿出了试卷。看了以后，我的心也是洼凉洼凉的，确实没有发挥出他正常的水平，有很多不应该犯的低级错误。再回过头看看儿子那张欲哭的小脸，顿时觉得作为当事人的他，应该比我更难过，更懊悔。现在的他，需要的不是当头棒喝，而是安慰和鼓励。我调整情绪，和他一起分析了试卷的错题，总结了今后需要加强的知识点。儿子有点激动地说："妈妈，我下次一定会努力考出好成绩的！"那一刻，还需要我说什么？我觉得什么也不需要了。

教育的最高境界，就是唤醒孩子的内驱力，让他自己愿意睁开眼睛去探寻这个世界。育儿这条路上，我们任重而道远。

（骆荣芝）

微语录

智慧

年轻人：智慧从哪里来？

长者：智慧来源于精准的判断力。

年轻人：精准的判断力从哪里来？

长者：精准的判断力来源于经验。

年轻人：经验从哪里来？

长者：经验来源于错误的判断。

规则与平等

我到上海出差，一天，在浦东一处公交站台等车。等车的有十几个人，人们都自觉地排着队。排在我前面的是一个七八岁的小男孩，他大概有些口渴了，就跑到路边一个自动售货柜上买了一瓶饮料。就这短短一会儿工夫，又来了几个人排在了队伍后面。那小男孩回来后，径直站到了队伍最后面。我看见了，就招呼他排到我前面来，因为他刚才排在我前面的。小男孩摇摇手，羞涩地笑道："不啦，我刚才脱离了队伍，如果再排在那里，是不符合规则的。"

听到小男孩的回答，我一下惊呆了。我想，一个小孩，在他脑海里，规则意识已根深蒂固，没有任何纪律和约束，完全是一种自觉行动，这种自觉行动，就是一个人的社会责任感。

上海浦东公交站台那一幕情景，在我脑海里留下深刻的印象，我仿佛看到了自己的浮躁和与他人的差距。

一位从深圳旅游回来的朋友对我说了这样一件事：一天，她带着自己十一岁的女儿在深圳一家商店排队购买当地的特色小吃。忽然，她看到一名网红小姐姐也在排队购买小吃，这名网红小姐姐一直是她的偶像。

她激动地对女儿说，我去找这名网红小姐姐签个名，再合个影，你过来帮我拍个照，然后放到抖音里增加流量。

没想到，她女儿连忙轻声制止道："不要去打扰别人平静的生活，现在她和我们一样，也只是一名普通的顾客，您这样冒冒失失地去打扰别人，不仅对别人是一种不尊重，也暴露出自己灵魂深处的自私和狭隘，是一种十分不文明、不礼貌的行为。”

事后，她女儿说：“网红小姐姐平时和我们一样，过着普通人的生活，从某种意义上说，我们都是平等的。”

朋友颇有感触地说道：“平等，在孩子幼小的心灵里已留下了深刻的印记，它闪耀出灵魂的光芒，直抵人们柔软的内心。”

（李良旭）

微语录

一语惊人

◆不轻易评价别人是一种修养，不活在别人的评价里是一种智慧。

◆虽然明天还会有新的太阳，但永远不会有今天的太阳了。

◆为了不留下遗憾，人生总要勇敢一次，抛下一切顾虑，去做你真正想做的事。

◆成熟，不是你能用很多大道理去开导别人，而是你能说服自己去理解身边的人和事。

◆被忽略了也不要太难过，你也曾在你未察觉的时候忽略过很多人。

◆脾气这东西，发出去是秉性，收回来是功力。生活的高手，从来不会让情绪控制自己。

◆在拒绝这种事上，越简单越好，明明是别人求自己帮忙，解释半天变成自己亏欠了别人的感觉，帮得上就帮，帮不上就拒绝。人际交往，简单明了有时最恰当，懂得拒绝，才能活得不纠结。

在书香中陪伴孩子长大

每个家长都希望孩子成才，而书正是孩子成长路上不可或缺的伴侣。书是童年的伙伴，是成年的资本，亦是家长与孩子沟通的桥梁之一。

经常听到有的家长说，孩子不愿意读书，不喜欢读书，那我想问问，你有在孩子小的时候让他接触书吗？你有陪他一起读书吗？你有在他迷茫放弃的时候鼓励他坚持吗？你的孩子是在动画片中长大还是在书本中长大的？

我是普通的上班族，平时很少有时间陪伴孩子，孩子从小就请保姆带，因而孩子非常缺乏安全感，见到生人就躲。为了提高孩子的安全感，尽可能给孩子我能给予的陪伴，我每天晚上坚持睡觉前给孩子读《365 夜故事》《睡前故事》《安徒生童话》等书。孩子喜欢看动画片，我还特意买了《小猪佩奇》《爱探险的朵拉》《芭比》等绘本。孩子每次对小朋友说"我妈妈又给我买了新书"，那充满自信的表情，真让我欣慰。

为了拓宽孩子的知识面，我给孩子买了各种各样的书籍，如《神奇校车》《阳光女孩凯蒂》《成语故事》《飞花令》《十万个为什么》《大头儿子和小头爸爸》《唐诗三百首》《宋词三百首》等。现在家里最多的东西就是书。从开始的我读孩子听，到孩子读我听，到现在孩子无须提醒自己每天坚持读，就这样，一天天，一年年，我从读书人变成听众再到被"退休"。孩子也完成了从听书到独立读书的蜕变。这可是我们家最让人开心的事情！我们坚持最久的就是每天睡前读一首诗，并且背下来。

每当孩子问我这个为什么，那个为什么的时候，我都会和孩子说："我们一起看看《十万个为什么》吧。"就这样，每次碰到不知道的问题，我们就着意培养孩子读书时的总结与内容的提炼能力，翻阅资料，自学"思维导图"，和她一起从每本书的作者、主题、主要内容和启示几个方面进行归纳总结。孩子每读完一本书就画一张思维导图。到现在为止，孩子对画思维导图已经轻车熟路了，上次还教同学画思维导图，俨然是一个小老师。

读书丰富了孩子的知识，拓展了孩子的视野，提高了孩子的素养，读书兴趣多多，快乐多多，收获也多多。小学二年级的时候，她和小伙伴一起拿了学校诗词大会的一等奖，这可是得益于孩子平时的日积月累，得益于每天家长和孩子的坚持读诗、背诗。前几天在学校的读书节活动中，孩子画的思维导图，被评为班级的一等奖。现在孩子在写作文的时候，偶尔也会把诗词用在自己的作文里，像上次孩子在写《我的植物朋友》作文时，写的是桃花，就用到了"桃之夭夭，灼灼其华"。

多看书可以让孩子懂得许多做人的道理。我们都是普普通通的人，世间繁华，人生百态，只愿书籍成为孩子生活中的一盏指路明灯，在孩子迷茫的时候，为其照亮前行的方向。

（刘丛荣）

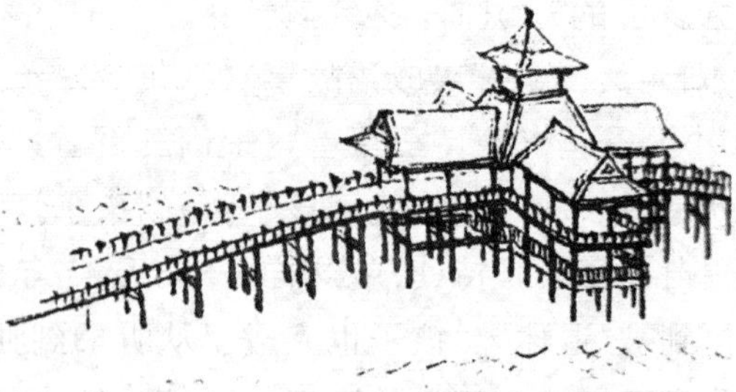

第 11 章

家教故事

拒受不义之财

儿女长大成人以后，父母还能不能管教？还管得了管不了？许多做父母的，往往对此做出否定的回答：

“儿女大了不由娘，管不了了。”

事实上，并非都如此。

不义之财不许带回家

战国时期，齐国国君齐宣王在位期间，曾任命田稷子（又名田子）为宰相。田稷子任职满三年，退休回家，随身带回黄金两千多两，奉献给他的老母，以示尽孝。

母亲见儿子回家，自然是喜出望外。但是，当她看到儿子带回那么多的黄金时，并没有感到高兴，而是很惊讶。她连忙问道：

“儿子，你这是从哪里得来这么多的黄金呀？”

田稷子支支吾吾地回答说：

“这是，这是我做官所得的俸禄啊。”

做官只三年，就得到了这么多的俸禄，母亲将信将疑。母亲对儿子一向十分严格。于是，便进一步追问道：

“儿子，你做宰相三年，过去每次回家都带回俸禄，可从来没有这么多啊。难道你为官期间，就不吃饭，不穿衣，没有什么别的花费吗？你是不是在外边做了有愧于一个正人君子德行的事？你给我如实说来，这笔钱财究竟是从哪里来的？”

看到母亲那样穷追不舍，田稷子觉得实在是不能隐瞒事实的真相了，他只好如实承认道：

“母亲，这是我做官时，下级官吏送给我的。”

田家虽为国君的宗室，可历来不倚仗权势巧取豪夺他人钱财，他们家的清明名声是远近闻名，尽人皆知的。田稷子做官，收取贿赂，败坏田家门风，田母非常气愤。她当即令儿子跪在祖宗牌位前，厉声厉色地训斥道：

“我听说，读书之人应当有高尚的道德修养，思想要纯洁，行为要端正，不能随便拿不应得的钱财；做事情要尽心竭力，不能投机取巧，不能欺骗别人。不义之事，不要去想，不义之财，不能带回自己的家。要言行一致，表里相符，不能有半点儿虚假。现在，齐王封你做那么大的官，做那么大的事，给你的俸禄也很优厚，可以说你是高官厚禄，你理应竭尽全力把国家的事办好，做到忠于职守，尽职尽责。你身为大臣，辅佐齐王治理国家大事，本应把所有的才能和智慧都施展出来，秉公处事，廉洁奉公，至死不变。只有这样，办事才会顺利，自己也免于灾祸。而今，你的所作所为，却与此相悖，你离一个忠臣的标准，差得太远太远了！你作为大臣而不忠，这和做儿子的不孝是一样的。你带回来的这些不义之财，我绝不能收；你这不孝的儿子，我也不要了！”

田母被儿子的行为，气得浑身发抖。

母亲责令儿子退赃、请罪

母亲的批评，极大地触动田稷子的心灵。母亲的谆谆教诲，使田稷子幡然悔悟，感到万分地惭愧，连连叩头说：

“儿不忠，儿不孝，儿有罪，儿有罪！”

母亲当即命令道：

“你立即把这些受贿的钱财给我退回去！你现在就到齐宣王

那里去请罪，接受惩处！”

田稷子遵从母亲的旨意，当即退回了全部不义之财，并到王宫去向齐宣王请罪，表示情愿接受任何处置。

齐宣王听说田母严厉批评田稷子的事，对田母的深明大义、严于教子大加赞赏。

鉴于田稷子能接受母亲的教导，主动自首，还退回了赃物，齐宣王决定赦免田稷子的罪过，并再次任命为宰相，辅佐朝政。为表彰田母深明大义，对其给予了物质奖励。

田稷子接受下级官吏的重金贿赂，用不义之财去孝敬母亲，不但没有博得母亲的欢心，反而遭到严厉的批评和斥责，充分表现了田母正直清廉的高尚品质。

古人说：志士不饮盗泉之水，廉者不受嗟来之食。中华民族的传统美德，在这位母亲身上得到了充分的体现。这样的母亲，值得人们学习。

经过田母的批评教育，田稷子终于承认了自己的罪过。这不仅表现了田母对子女负责到底的精神，还使我们认识到，子女长大成人以后，不但还需要管，而且也能管得了。

常言说：打铁先得自身硬。只要做父母的言行端正，以身作则，表里如一，即使子女长大了，父母也仍然拥有教育的主动权。

（赵忠心）

第 12 章

忘年文苑

当年运河风情在

——读《淮阴竹枝词》

“竹枝词”原是民歌，后有文人效仿。偶读清代《淮阴竹枝词》，其中四首有关运河的诗引起了我的兴趣。现说点读后感。

先看佚名的这首：

落日长河走怒涛，
春城百里泊千艘。
如何一片帆樯影，
更比云中雉堞高。

当年京杭运河是黄金水道，这首诗对此有生动描述。前两句写得十分壮阔：“日”是“落日”，“河”是“长河”，“涛”是“怒涛”，而且能“走”，动态的壮景，给人以雄伟感；而下句中“城”是“春城”，“艘”是“千艘”，“泊”是“停泊”，静态的壮景，同样给人以雄伟感。而且，这两句一动一静，动静结合，结合成一幅雄伟的船舶运河图。

再看最后两句，淮阴当年是漕运之都，常常有很多的船只停泊在这里。你看，“如何一片帆樯影，更比云中雉堞高”，诗句通过“帆樯”与“雉堞”的对比与反衬，使得上面雄伟的船舶运河图更为具体，更为生动，也更富意境。

次看黄潆之的这首：

南去风帆北去车，
清江江上总天涯。
可怜堤柳无聊甚，

不系离情系钓槎。

当年京杭运河就是高速公路，船只就是特别快车，而当年的清江浦更是运河上的重镇，有“南船北马”之美誉。在这样一个地方，送往迎来的人一定很多。这首诗的前两句就是说此。“南去风帆北去车，清江江上总天涯”，人们在清江浦相聚，又在清江浦分别，或“南去风帆”，或“北去车”。“悲莫悲兮生别离”，人非草木，孰能无情？分离之情，不好说，也不必说，那让景物去说。你看，“可怜堤柳无聊甚，不系离情系钓槎”，“槎”原指树木，这里指钓鱼的小船。“昔我往矣，杨柳依依”，而此时堤柳却麻木不仁，不为“我们”——一对恋人、夫妻抑或朋友而“依依”，却为运河上的钓鱼小船而摇晃，真是太不解风情了。

此首诗虽是小镜头、小场景，但却从另一个角度，暗示了当年清江浦“南船北马”、人来人往的繁华。

再看盛大士的这一首：

芦花飘萧夕照微，
北来鸿雁音书稀。
闻道运船迟进闸，
授衣时节望郎归。

这首与上首差不多，它写的也是一个生活故事。但写的不是分别，而是写等待亲人的归来。“芦花飘萧夕照微，北来鸿雁音书稀”，诗的前一句有点像“兴”，写秋天的晚景，冷调子引出了冷事情——“北来鸿雁音书稀”，这大概是一位中年女子，盼着北去的丈夫的音讯，但却未能如所愿。

诗的后两句进一步表达了这位妇女的思夫之情。“闻道运船迟进闸”，此句诗原有小注：“淮人自北归有附粮艘者，每岁八九月间，粮艘齐进天妃闸，则行人至矣。”而现在，粮艘迟进闸了，而且是“芦花飘萧”的深秋时节，这位妇女怎能不为她远去未归的丈夫担心呢？所以“捣衣时节望郎归”！

现在再回看一下诗的第一句，“芦花飘萧夕照微”，就更能发现它的妙处了，这是“兴”，它为全诗定下了情感的基调。另外，从这首诗中同样能感受到，当年运河上的船来船往。

还有郭瑗的这首：

河流曲曲远通商，
细雨斜风百尺樯。
吟罢竹枝无个事，
淮堤闲处看人忙。

此诗前两句写景，可以说是一幅运河风光图，“河流”“通商”“雨”“风”“樯”，是写实，也是实写。“曲曲”“远”“细”“斜”“百尺”则是形容，也是虚写，虚实相生，无画处皆成妙境。后两句写人，面对美景，吟两句诗是很自然的事，吟罢不妨到堤上转转，“淮堤闲处看人忙”，谁在忙？忙什么？纤夫拉纤，劳力卸货……没说，也不需要说，你能感受到运河上在“忙”，这就足够了，这就叫画外有画，意外有意……没说，却又把运河繁忙的景致给生动地刻画出来了。这一首与第一首的风格很不相同，却同样有价值，同样生动。

（胡　健）

走 戈 壁

大戈壁的美，在于它的苍莽雄浑、茫茫无边。从乌鲁木齐一路东行，我从心底对前行途中那向后倒伏的铁青的平川和山峦，产生了一种深深的慨叹和留恋。我不知道这曾令我无限神往的西北大戈壁，这一次相别，今后还有没有机会相拥相亲。戈壁一段段远去，惆怅和失落却在心中翻腾。

走戈壁，戈壁给了我无尽遐思。

从吐鲁番夜登火车，一觉醒来，微曦的窗外，已是大自然壮阔的风景。遥想当年，唐玄奘从长安沿着我们今天反走的路线，经兰州，出嘉峪关，经敦煌一路西行，为丝绸古道平添了多少传说和传奇。这漫长而平凡的旅程，却让我们饥饿的眼神像狼，捕食着大戈壁演绎的独特风情。烈日下没有风的初秋的戈壁，依然让我们在空调的车厢里感受到风景的存在。

和大戈壁生死相守的，除了那一望无际的沙砾平川和远方青灰色的山峦，便是伏卧在沙砾中的疏落的红柳。红柳是树，却低矮得像戈壁草，坚韧而固执地盘伏在没有水的戈壁滩上。据说红柳那维系生命的根系，加起来有好几千米长，为了尽量不让水分蒸发掉，它将自己的叶子长成松针的形状。在没有水的世界里，红柳以非凡的仪态，吮吸着夜露，给大戈壁点染红色，披挂绿装。红柳的伟大，在于它的默守。没有生命的地方，它以生命而立；没有水的地方，它以生命相守。一旦到了水量渐丰的地域，它便悄然隐去，让位于白杨，让位于庄禾，让人类在岁月的长风中，守望不息的香火。

戈壁上和红柳相依相伴的，是戈壁石。戈壁石是大戈壁熔炼的生命精灵，或澄黄似金，或漆黑像墨，或血红若火，或晶莹如玉。我在戈壁滩上捡拾的一块戈壁石，便是晶莹之中透出残阳的血红。峥嵘的造型，像燃烧的火焰，让人在摩挲间感受到即便没有水的浸润，戈壁石仍然可以用阳光的流瀑，把自己浸润得丰满而生动。

走戈壁，阳光下会在戈壁上看到浩瀚无边的澄澈的湖。导游说，那是戈壁奇观——海市蜃楼。大戈壁在阳光的照射下，呈现出阳光反射的绝景，浩渺湖面，烟波顿生。奇幻的戈壁，用怀中升腾的温暖的热爱，把人带进梦的境地，粗粝中不失时机地向人们展示它的婉约柔情。但随着视角的变化，“大湖”消失的时候，大戈壁便回归开阔质朴、大气厚重的本体。大戈壁的朝晖和夕照，带有喋血的血腥。

在戈壁，看似强健的生命其实很羸弱，看似羸弱的生命其实很强健。只要顽强地活着，生命总是那样可爱可亲。

（龚　正）

第 13 章

教师手记

尊重每个孩子的天性

我是一名有着 21 年教龄的小学教师，多年的教学工作让我的人生不断充盈，我深深地爱着自己的这份工作。

与孩子们相处，我发现自己永远年轻。这种心态来自对个性迥异的每个孩子的欣赏。如果说我是园丁的话，那每个孩子就是千姿百态的花朵。我们知道，如果花园里只有一种花儿的话，你会感觉单调无味的，只有不同的花儿竞相开放，我们所处的世界才会欣欣向荣。在教育工作中，我总结出一个规律，只有充分尊重每个孩子的天性，合理引导他们在天性的驱动下健康成长，这才是最好的教育，也才最有利于他们的成长。

要善于发现每个孩子的天赋在哪里。在我的眼里，每一个孩子都是天使，他们都有自己独特的优点、长处、爱好。这种特色，也许连他们自己都发现不了，需要我们细心地去寻觅，去欣赏。来自老师的肯定会让孩子感觉到：啊，原来我还有这一手，我并不比别人差。我曾经看到过这样一段话：如果你能在孩子身上找出十个以上的优点，那么你是一位优秀的教师；如果你能在孩子身上找到五个以上的优点，那么你是一位合格的教师；如果你在孩子身上只能找到两三个优点，你只能算是一位勉强合格的教师；如果你在孩子身上找不到优点，那么你一定是一个不合格的教师。仔细想想，事实真是如此。教师的任务当然是教与育，但我认为，发现孩子的长处在哪里，这也许比我们一味地向他们灌输知识更重要。我有一个学生，是个留守儿童，父亲长年在外打工，他跟奶奶一起生活。这个学生的成绩并不理想，但我并没有责怪他。一次家访，我偶然看到他在地上用泥巴做的房子惟妙惟肖，简直是一个大工程的缩微版。我看了非常惊讶，当即表扬了他的杰作，同时用手机拍下了照片，在班会上对他进行了表扬。这个孩子以前一向因为成绩不好而感到自卑，见我如此肯定他，他也来了信心，不仅学习成绩上升了，与同学们相处也不觉得低人一等了。这个孩子后来虽然没有考上大学，但从事建筑业且非常有成绩，在外市开了自己的公司，事业有成。

要合理引导孩子在天性的力量驱动下成长。作为老师，我当然知道教学、成绩等的重要性。一些老师为了达到这些目的，有意无意地压制着孩子的天性。这就像一个惯用左手的人，你一定要强行将他扭过来，结果往往会两败俱伤。我想起一个故事，生物学家曾做过这样一个实验：把一群老鼠放在一个桌面上，让其一个一个往下面两个门里跳。跳向左边的门，会碰得头破血流；而跳向右边的门，门会自动打开，门后放着甜美的奶酪，老鼠们尽可以放开肚皮吃。经过几次训练，老鼠们尝到了甜头，乐滋滋地争先恐后往右门跳去。就在老鼠们的选择方式固定了的时候，实验者把奶酪从右门移到了左门。这下糟了，老鼠还没有回过神，仍争先恐后朝右门跳。自然，个个碰得鼻青脸肿。还好，经过最初的慌乱，老鼠又渐渐熟悉了新的情况，转身跳向左门。刚尝到甜头，情况又变了，实验者把门的颜色重新漆过，把奶酪一会儿放左，一会儿放右。这时，可怕的现象出现了，老鼠们或四肢乱颤口吐白沫，或吱吱乱叫着狂咬自己，直至最后昏死过去……

由此，实验者得出这么一个结论：如果强迫动物去不断地改变行为方式，在它应变不过来的时候，就会坚决拒绝，甚至以自戕来抗拒。教育不也是如此吗？尊重孩子的天性，让他朝着积极健康的方向发展，这其实更是教育工作者的任务。

让爱心成为滋养孩子天性成长的雨露。作家毕飞宇在写给儿子的一封信中说:“不要怕犯错,孩子,犯错永远都不是一件大事情。可有一件事情你要记住:学会用正确的方法面对自己的错,尤其不能用错上加错的方式去纠正自己的错。”作为老师,对待学生其实也应该这样。多年来,我发现一个现象,常犯错误的孩子往往是对生活中的东西非常感兴趣的,他们的好奇心、进取心甚至比那些循规蹈矩不犯错误的孩子要强。从这个方面来说,错误往往是走向成功的先导。一些孩子为什么不能、不敢“用正确的方法面对自己的错”,这与老师对孩子犯错的态度有关。你如果是责怪、嘲讽甚至是打骂,为了自我保护,孩子当然会想办法掩盖自己的错误,于是撒谎就成了常事。如果你有一颗包容的心,平心静气与孩子一起分析为什么会犯这样的错,孩子就能从错误中吸取教训,也许就能踏着错误这块石头走向成功的彼岸。

让我们尊重每个孩子的天性,因为每个孩子都有自由成长的权利。这条路不适合他,也许另一条路就能抵达成功。让我们的呵护成为帮助他们顺利成才的力量!

（周祥兆）

微语录

心理

很想见到一个人,但一直没有机会见;但当机会真正到来时,却又不想见了。很想做一件事情,但一直没有机会做;但当机会真正来临时,却又不想做了。很想说出心里的一句话,但一直没有机会说;但当真正有机会说时,却又不想说了。

第 14 章

他山之石

家长和孩子的尊严都不应该伤害

法律没有规定教师对学生享有惩戒权，但是并不妨碍教师对惩戒权的研究。我们都知道，在美国，家长不准体罚孩子，如果家长体罚孩子则有可能丧失对孩子的监护权，《刮痧》这部电影就充分说明了这一点。但是，并非所有的家长都不打孩子。

我们来看一个“体面地接受肉刑”的故事：美国《芝加哥快报》的编辑总监道格拉斯先生受联合国教科文组织的委托，来中国做教育援助志愿者。他说了一个发生在自己身上的故事，他与妻子芭芭拉在女儿琼妮 4 岁时离婚了，孩子由他抚养。他和女儿多次探讨什么是人最宝贵的品质。琼妮 5 岁时的一天，她把幼儿园里的拼图游戏板偷偷带回了家。道格拉斯发现孩子的行为后，就让她把玩具送回到幼儿园，并当面向老师道歉。回家后，他让琼妮选择惩罚内容：一是一个星期内不能吃冰淇淋；二是取消周日下午在中央公园的滑草游戏和野餐；三是在屁股上狠揍两巴掌。最后，女儿决定接受第三种惩罚。于是，道格拉斯给前妻芭芭拉打电话，请她回来当肉刑的“监刑官”。说到“监刑官”，道格拉斯说那是他与琼妮一起看电影《勇敢的心》，当华莱士走上行刑架时，行刑官在一旁高喊：“请这位绅士体面地接受肉刑。”道格拉斯曾提醒女儿注意这个细节并且一起进行了探讨——因为过错我愿意接受惩罚，但任何人不能剥夺我的尊严，我有权选择至少一位目击者证实惩罚的过程是否伤害到了我的尊严。这次小琼妮因为撒谎而挨了两巴掌会不会伤害到她的尊严，必须有“监刑官”证实。

此事过后一个星期，道格拉斯因为工作一直忙到凌晨 3 点。

早晨8点闹钟响时，他没起来，过了半个小时，女儿穿戴整齐地来到他的床前，说再不起床就赶不上幼儿园的班车了。结果，他们迟到了。园长微笑着问琼妮为什么迟到，道格拉斯找了个借口。琼妮却大叫"是爸爸贪睡"。道格拉斯很尴尬，向园长做了解释后又对女儿道歉。女儿说："我接受你的道歉，但是你因为撒谎也必须接受惩罚。你现在有两个惩罚方式可以选择：一是取消本周末与辛蒂小姐的约会（辛蒂小姐是道格拉斯刚认识的女友）；二是接受肉刑。"道格拉斯说，芭芭拉出差去了，没人当"监刑官"。这时，幼儿园园长出面了，说她愿意出任本次肉刑的"监刑官"。最后，道格拉斯向他的女儿——一个年仅5岁的美国公民撅起了屁股……这个故事给了我们当教师的什么样的启示呢？我觉得，首先教师和学生之间是公民与公民之间的关系。公民是一个法律概念。正如道格拉斯最后表达的观点，他和女儿之间的关系是两个美国公民间的关系，他不能因为是父亲，因为有学识、有社会地位就对女儿——一个幼儿园的小朋友，大呼小叫不尊重。实际上，家长、教师和学生作为公民在地位上是平等的，法律赋予公民的权利始于出生、终于死亡。公民的生命健康权、名誉权、荣誉权等都是一样的。首先，教师不能因为自己是教师，就可以在学生面前盛气凌人，当然也不能因为学生是受教育者、被管理对象，就对他们大声训斥，甚至体罚和变相体罚。其次，家长、教师对学生的批评管教甚至惩戒，都是针对学生的行为，而不是学生的尊严。教育者也会犯错、犯法。犯错、犯法就得接受惩罚甚至法律制裁。家长、教师对学生的教育、管理是行为，同样，学生受教育、被管理也是行为。有些家长、教师批评、管教甚至惩戒学生，目的就是要触及学生的自尊心。而有些学生对老师的批评不服，倒不是认为老师说得不对，而是觉得老师的批评让他难堪、没面子、下不了台，他的潜意识里感到自己的人格尊严受到了伤害。如果教师批评学生，像道格

拉斯先生惩罚他的女儿那样只对行为不对人，那么我们的学生也许会像小琼妮那样，口服心服地接受批评。再次，家长、教师要研究对学生的批评、管教方法，让学生选择愿意接受的方式。我们不妨学学道格拉斯先生，先和学生就某些原则达成共识，然后要求大家都得遵守。一旦违反了原则，不管是谁都得接受惩罚。至于惩罚的方式，不妨多列出几种，让学生自己选择。当然任何一种方式都不能伤害学生的自尊心。总之，透过这则"体面地接受肉刑"的故事，我觉得我首先是一位公民，遵纪守法的公民，其次才是一名教师，为人师表的教师。学生首先也是公民，要成为遵纪守法的公民，其次才是学生，需要完成学业的学生。我要求自己的学生把教师当成和他一样的公民来尊重，尊重教师的人格。

（浪　涛）

微语录

亲情

爸爸去理发店染了一次发，花白的头发顿时变得乌黑。

儿子问："爸，您都 60 了还染头发干吗啊？"

爸说："过两天我要回老家。"

每次回老家前，爸爸都把头发染黑。他想以年轻点的样子见奶奶，如果爸爸还年轻，奶奶就不会觉得自己老了。